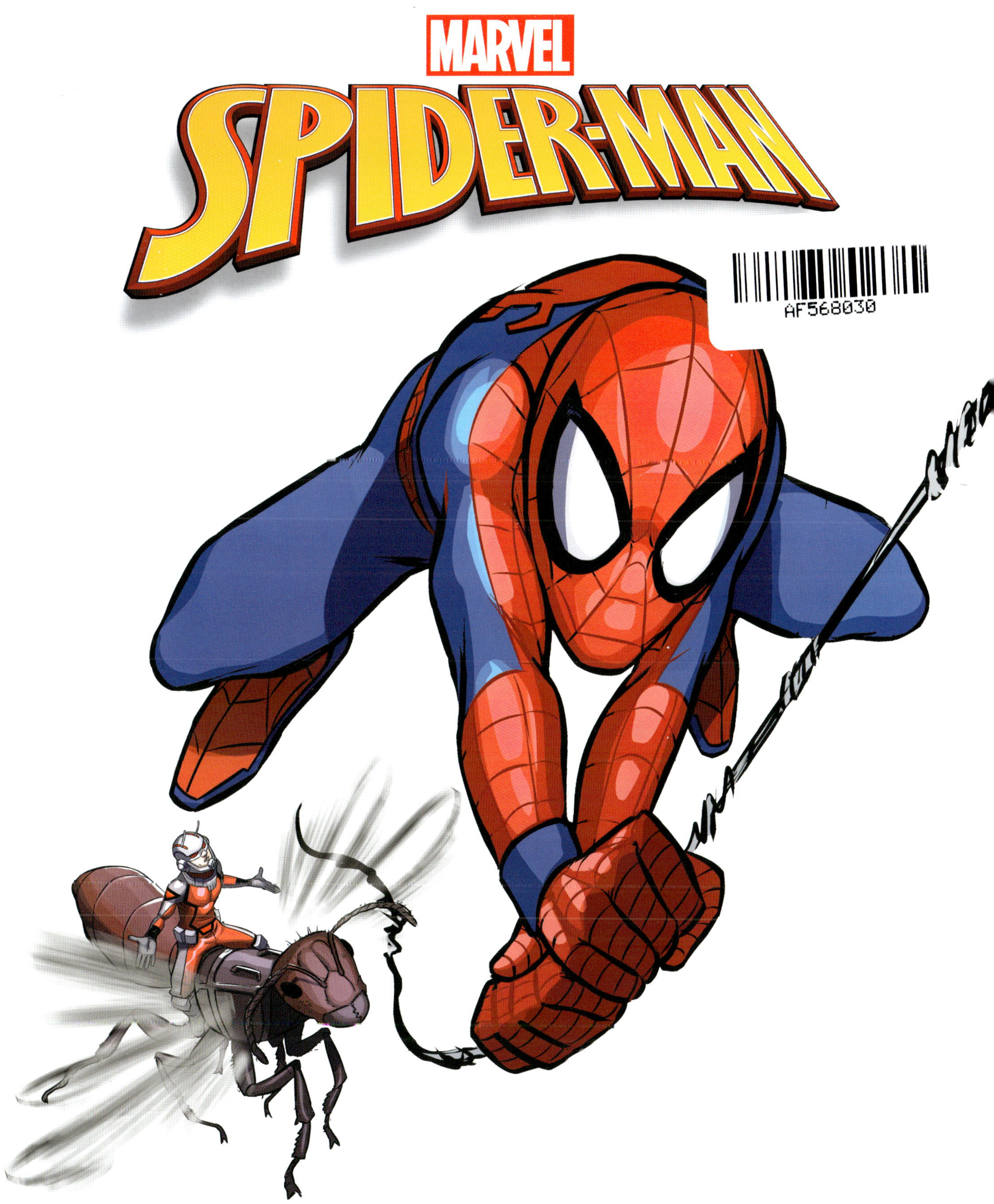

DIE MÄCHTIGSTEN FREUNDE DER WELT

Mit dabei:

Spider-Man

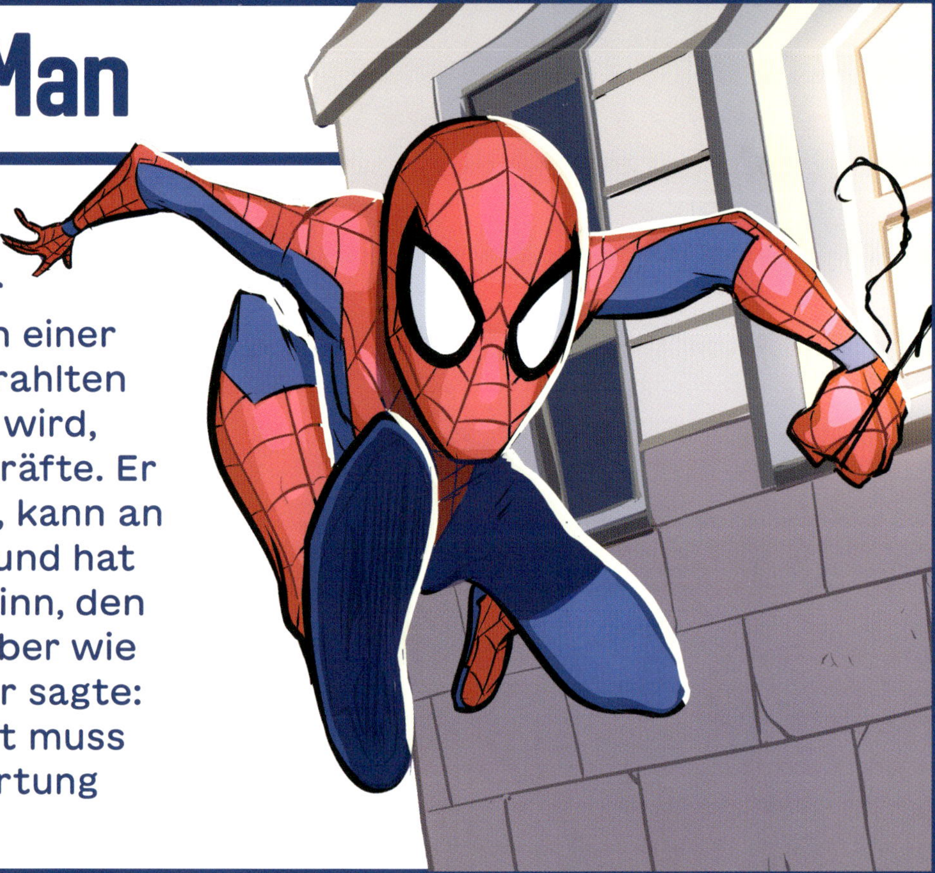

Als der Teenager **Peter Parker** von einer radioaktiv verstrahlten Spinne gebissen wird, erhält er Superkräfte. Er wird superstark, kann an Wänden haften und hat einen Gefahrensinn, den „Spinnensinn“. Aber wie sein Onkel immer sagte: „Mit großer Kraft muss große Verantwortung einhergehen!“

Iron Man

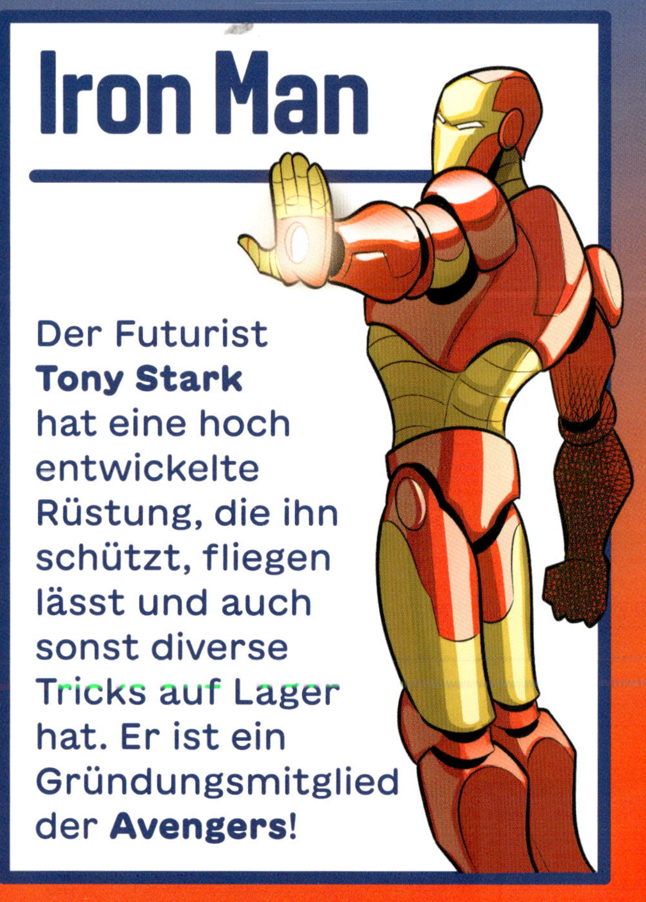

Der Futurist **Tony Stark** hat eine hoch entwickelte Rüstung, die ihn schützt, fliegen lässt und auch sonst diverse Tricks auf Lager hat. Er ist ein Gründungsmitglied der **Avengers**!

Shang-Chi

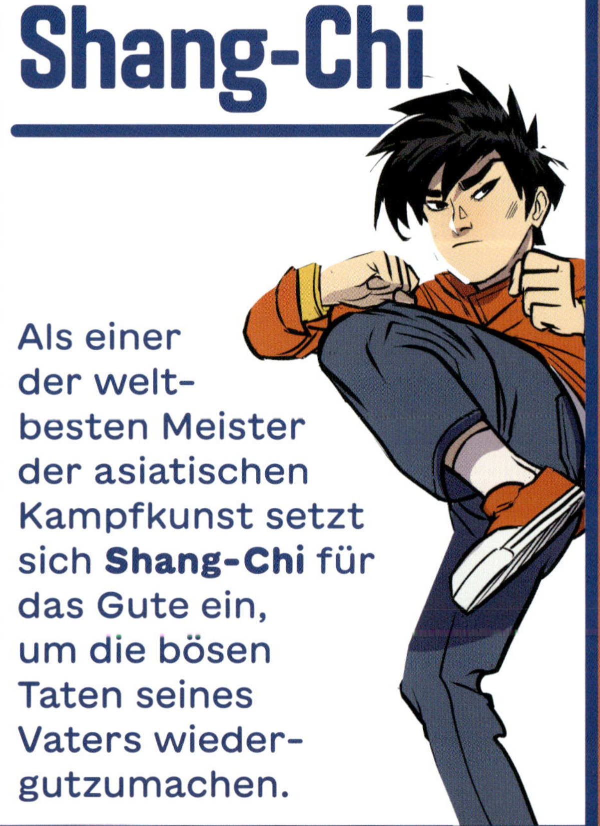

Als einer der weltbesten Meister der asiatischen Kampfkunst setzt sich **Shang-Chi** für das Gute ein, um die bösen Taten seines Vaters wiedergutzumachen.

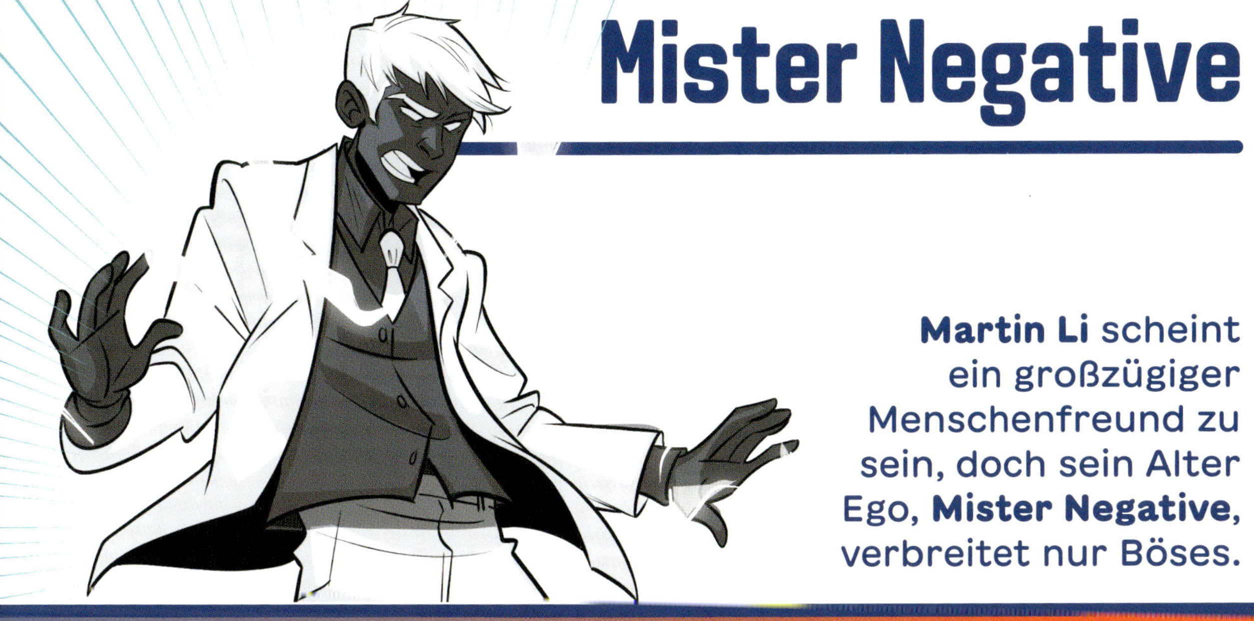

Mister Negative

Martin Li scheint ein großzügiger Menschenfreund zu sein, doch sein Alter Ego, **Mister Negative**, verbreitet nur Böses.

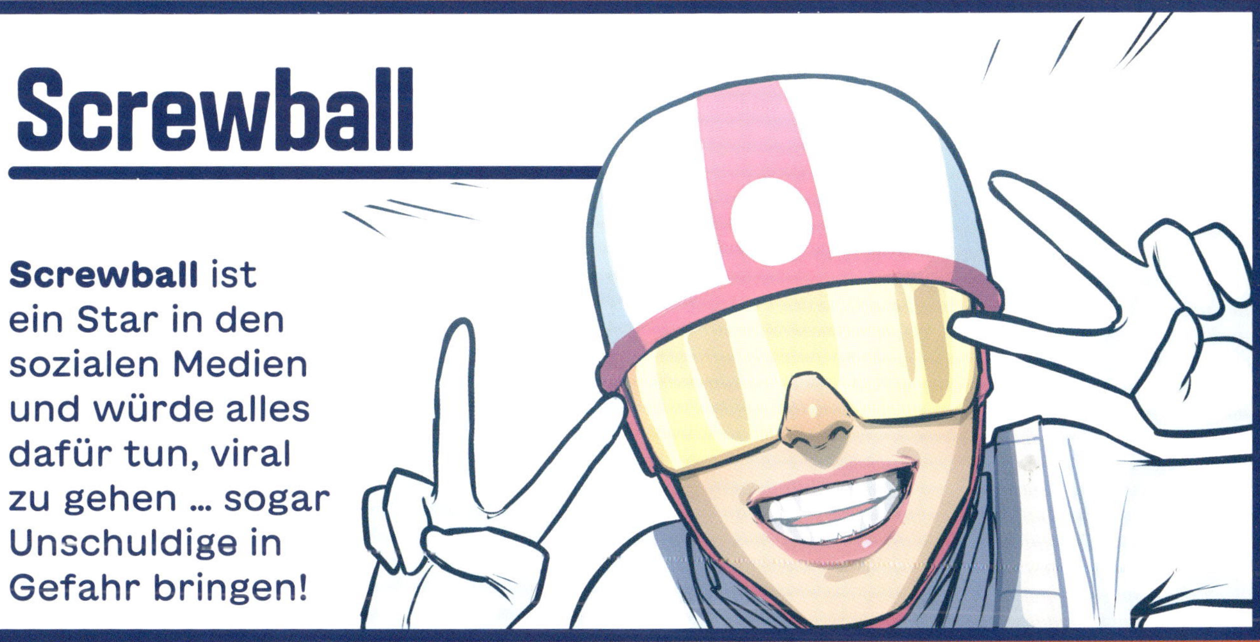

Screwball

Screwball ist ein Star in den sozialen Medien und würde alles dafür tun, viral zu gehen … sogar Unschuldige in Gefahr bringen!

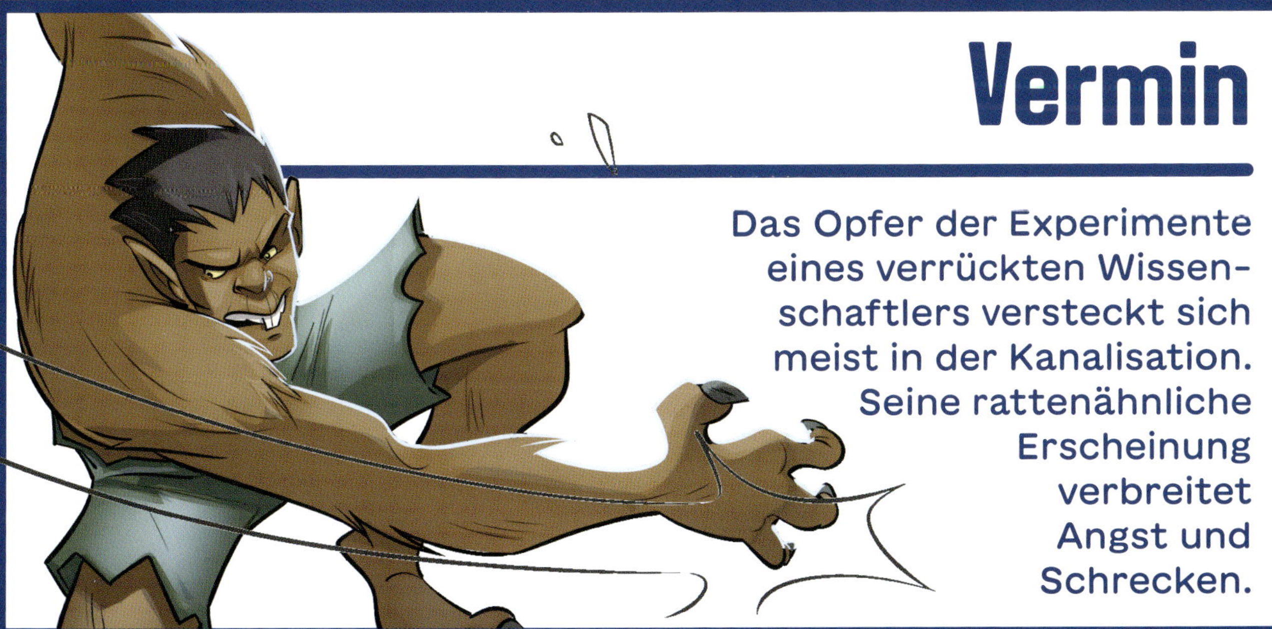

Vermin

Das Opfer der Experimente eines verrückten Wissenschaftlers versteckt sich meist in der Kanalisation. Seine rattenähnliche Erscheinung verbreitet Angst und Schrecken.

INHALT

1 **Avengers, sammeln?** S. 5

2 **Negative Schwingungen** S. 15

3 **Ratten in den Wänden** S. 25

4 **Wolkig mit Aussicht auf Zerstörungen** S. 35

5 **Was summt und brummt denn da?** S. 45

6 **Das Jahr des Rhinos** S. 55

Story:
Steve Foxe

Zeichnungen & Tusche:
Claudio Sciarrone &
Mario Del Pennino

Farben:
Valentina Taddeo &
Valentina Pinto

Lettering:
Elleti

Übersetzung:
Michael Strittmatter

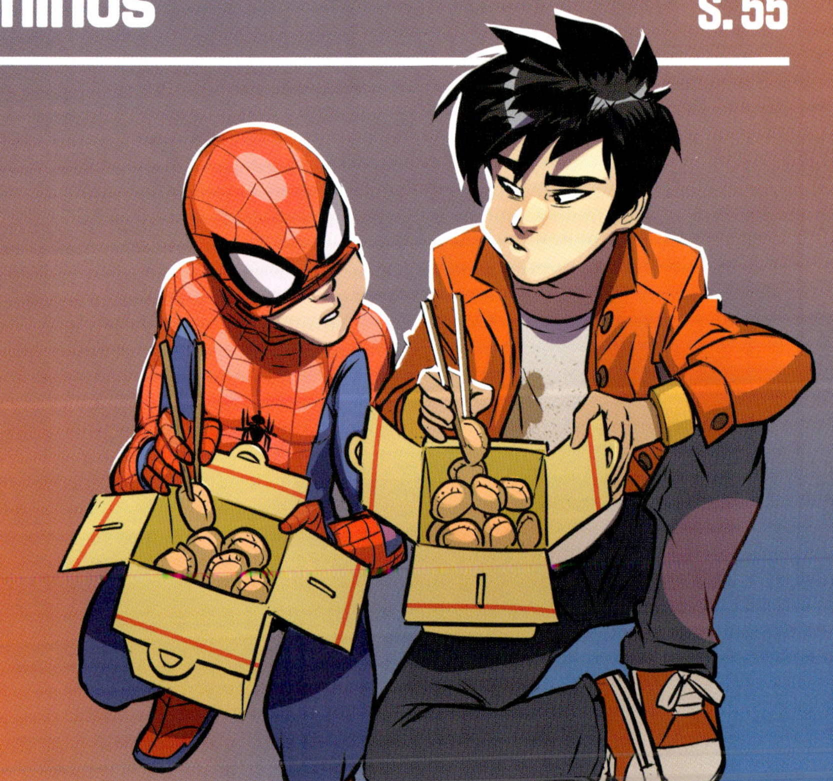

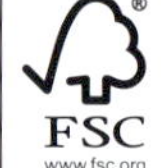

MIX
Paper | Supporting responsible forestry
FSC® C115044
www.fsc.org

SPIDER-MAN: DIE MÄCHTIGSTEN FREUNDE DER WELT erscheint bei **PANINI COMICS**, Schloßstraße 76, D-70176 Stuttgart. Druck: Centro Poligrafico Milano S.p.A., Casarile (MI). Pressevertrieb: Stella Distribution GmbH, D-22297 Hamburg. Direkt-Abos auf **www.paninicomics.de**. Anzeigenverkauf: BLAUFEUER VERLAGSVERTRETUNGEN GmbH, info@blaufeuer.com. Es gelten die Anzeigenpreise gemäß der Mediadaten 2024. Geschäftsführer **Hermann Paul**, Publishing Director Europe **Marco M. Lupoi**, Finanzen/Logistik **Felix Bauer**, Marketing Director **Holger Wiest**, Marketing **Fabio Cunetto**, Vertrieb **Alexander Bubenheimer**, PR/Presse **Steffen Volkmer**, Publishing Manager **Lisa Pancaldi**, Redaktion **Harald Gantzberg**, **Marco Rizzo**, **Anja Seiffert**, **Kristina Starschinski**, **Daniela Uhlmann**, Übersetzung **Michael Strittmatter**, Proofreading **Veronika Faust**, Lettering **Elleti**, grafische Gestaltung **Rudy Remitti**, **Nicola Spano**, Art Director **Alessandro Gucciardo**, Redaktion Panini Comics **Annalisa Califano**, **Beatrice Doti**, Prepress **Francesca Aiello**, **Andrea Bisi**, Repro/Packager **Alessandro Nalli** (coordinator), **Anna Boselli**, **Mario Da Rin Zanco**, **Valentina Esposito**, **Luca Ficarelli**, **Linda Leporati**. Enthält: *New Adventures of Spider-Man: Earth's Mightiest Friends!* (2023) TPB. Deutsche Edition bei Panini Verlags-GmbH unter Lizenz von Marvel Characters B.V. Cover-Design von **Tomo Tomo**, *New Adventures of Spider-Man: Earth's Mightiest Friends!* (2023) TPB.

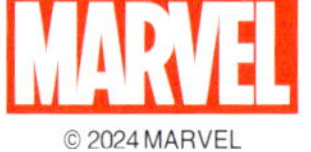

Bibliografische Information der Deutschen Nationalbibliothek
Die Deutsche Nationalbibliothek verzeichnet diese Publikation in der Deutschen Nationalbibliografie; detaillierte bibliografische Daten sind im Internet über dnb.d-nb.de abrufbar.

Avengers, sammeln?

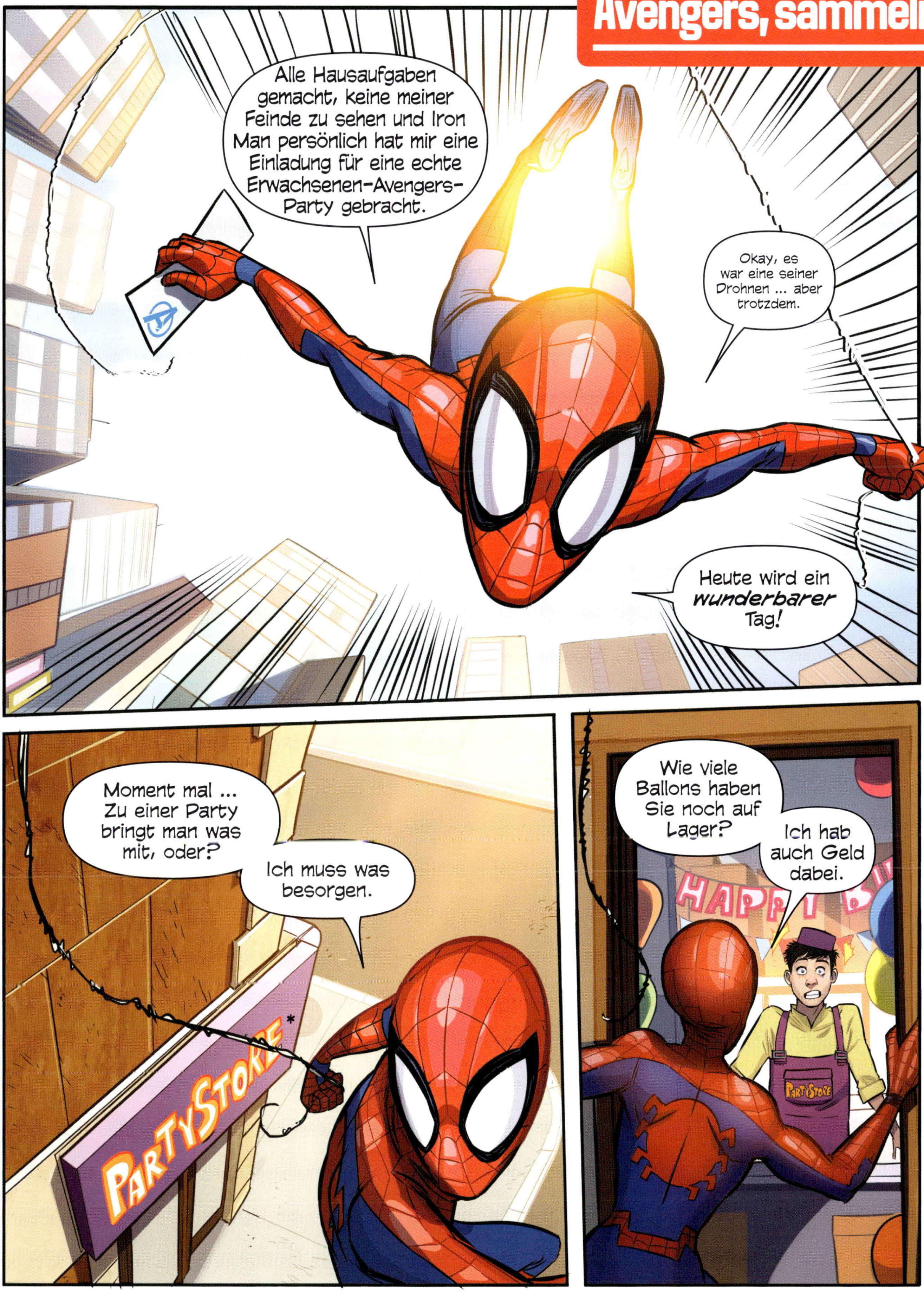

Alle Hausaufgaben gemacht, keine meiner Feinde zu sehen und Iron Man persönlich hat mir eine Einladung für eine echte Erwachsenen-Avengers-Party gebracht.

Okay, es war eine seiner Drohnen ... aber trotzdem.

Heute wird ein *wunderbarer* Tag!

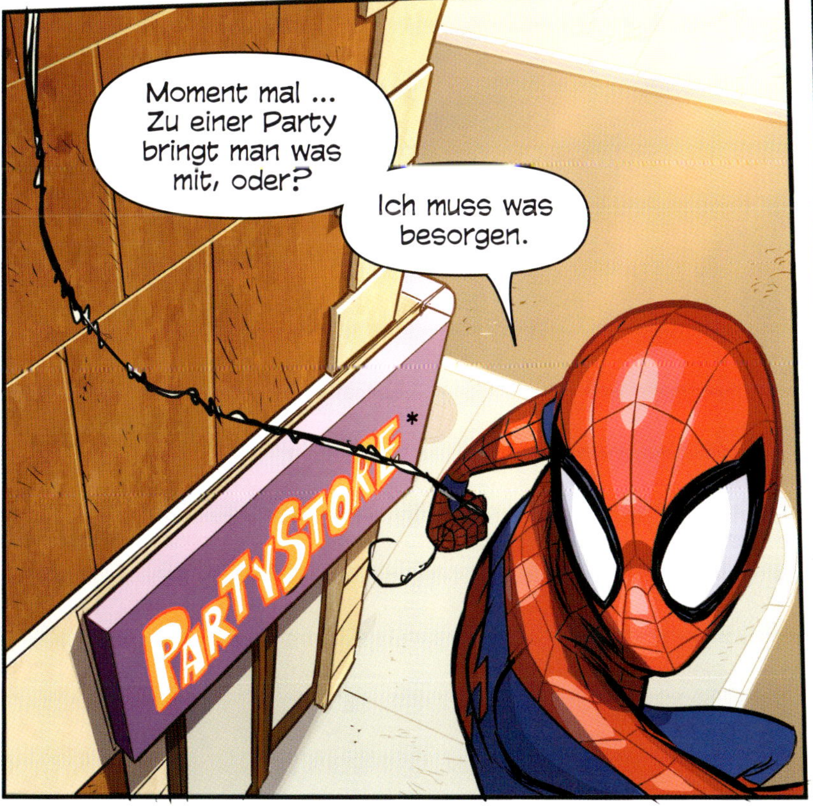

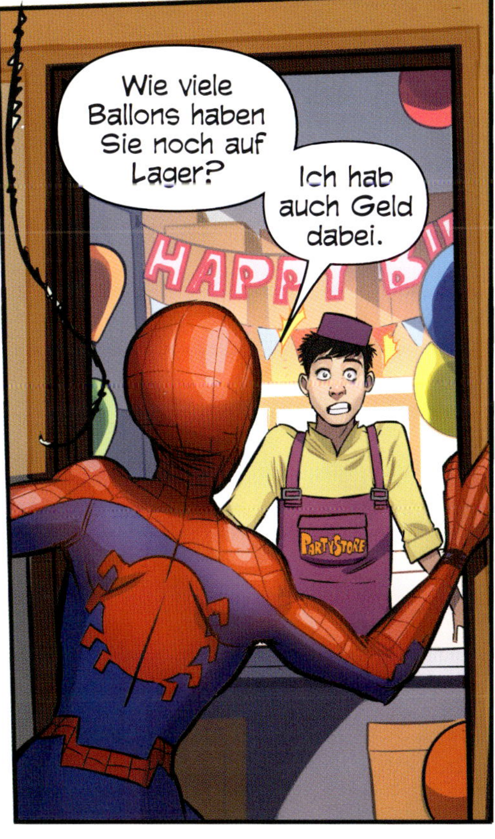

* PARTY-ARTIKEL

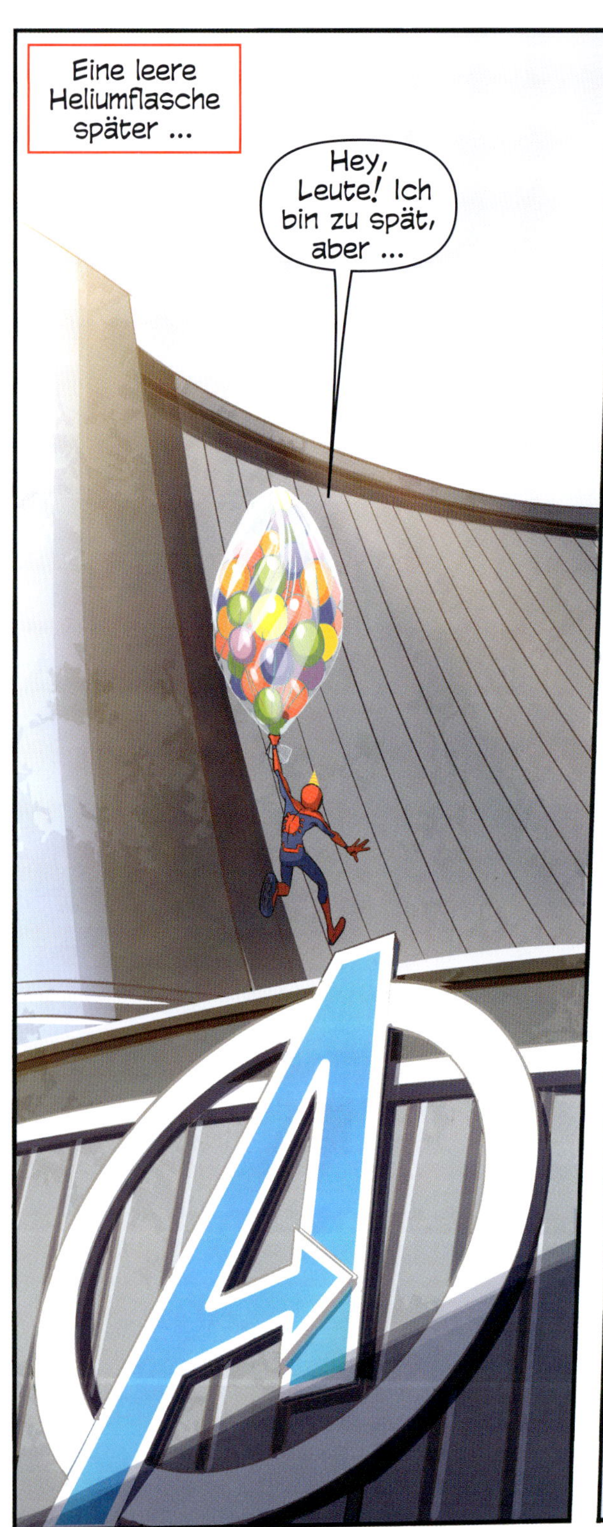
Eine leere Heliumflasche später ...
Hey, Leute! Ich bin zu spät, aber ...

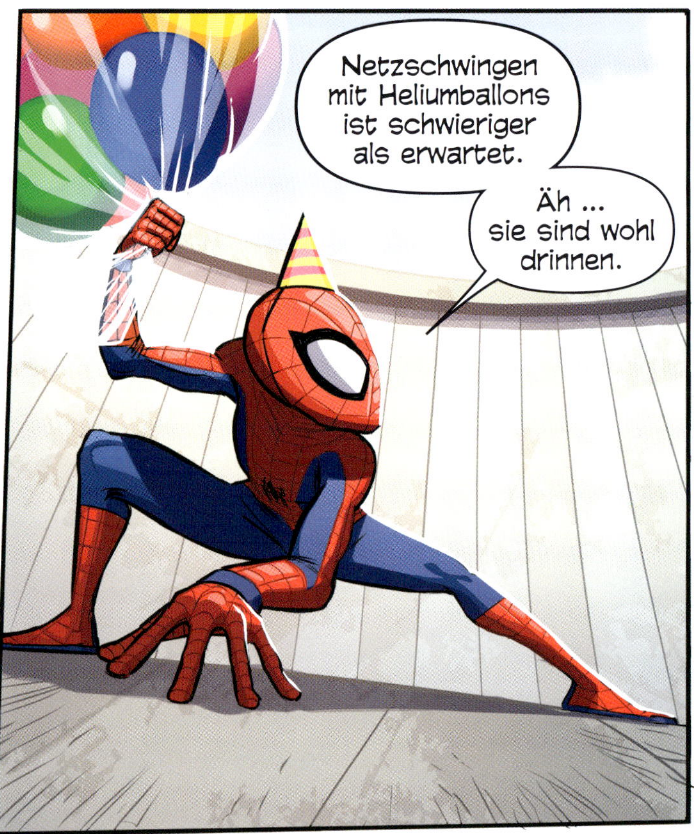
Netzschwingen mit Heliumballons ist schwieriger als erwartet.
Äh ... sie sind wohl drinnen.

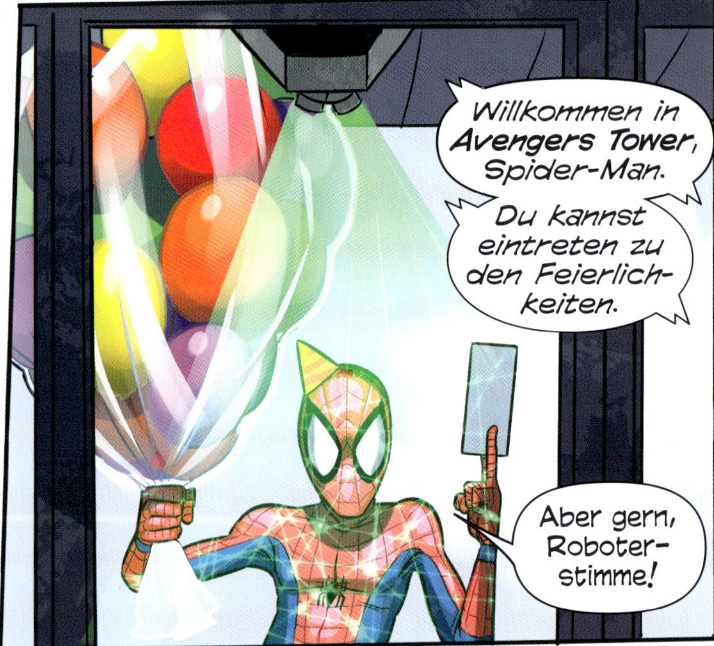
Willkommen in Avengers Tower, Spider-Man.
Du kannst eintreten zu den Feierlichkeiten.
Aber gern, Roboterstimme!

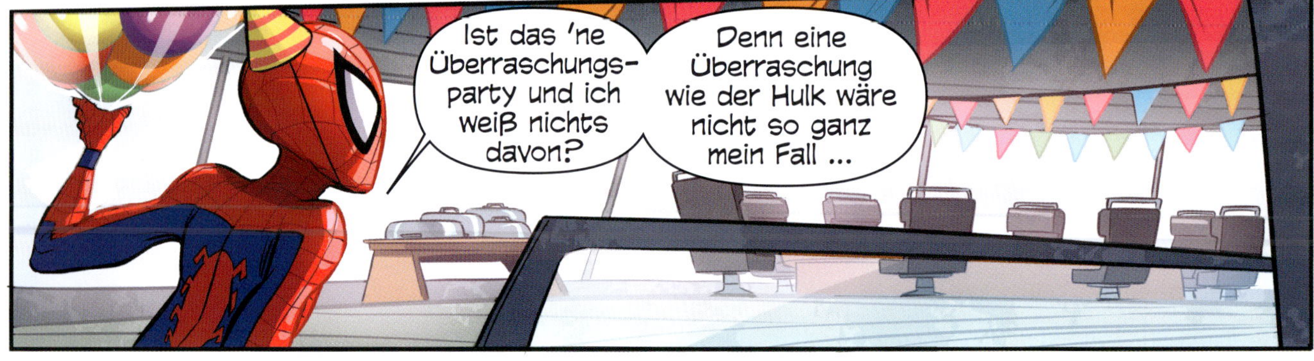
Ist das 'ne Überraschungsparty und ich weiß nichts davon?
Denn eine Überraschung wie der Hulk wäre nicht so ganz mein Fall ...

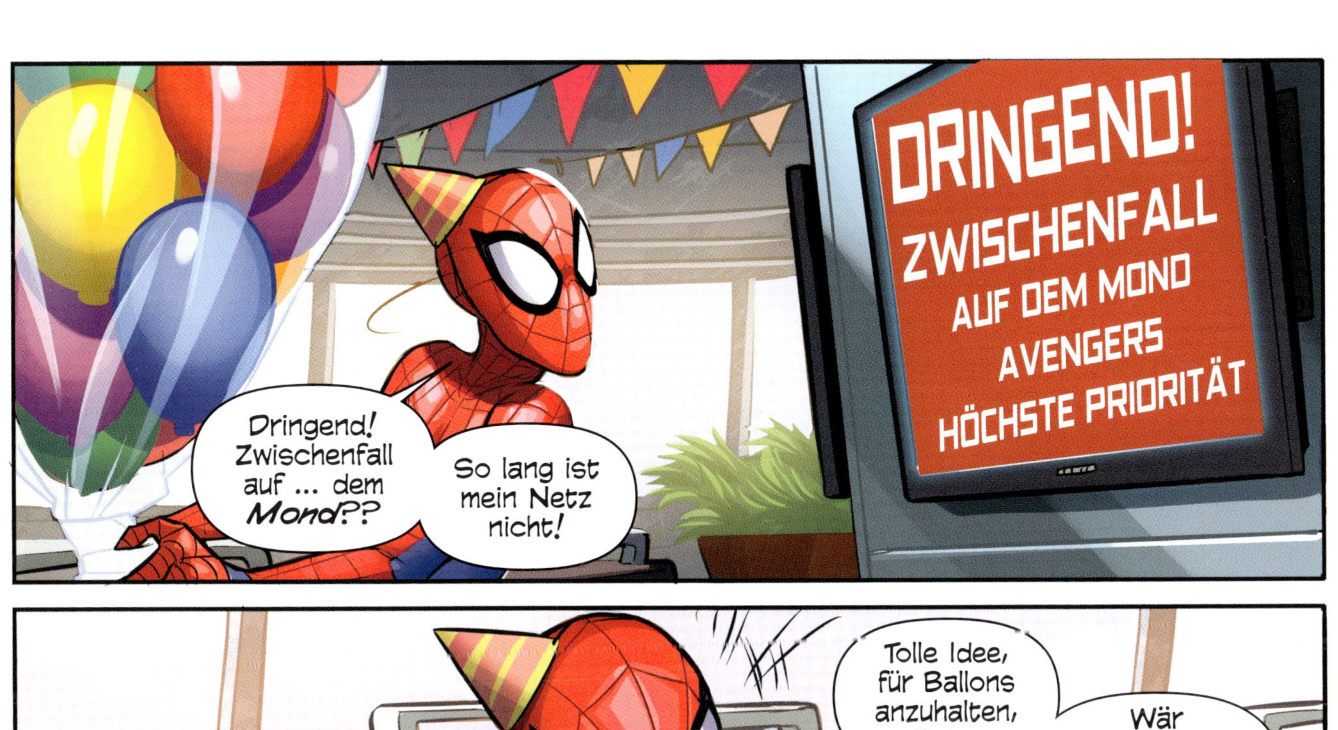
DRINGEND!
ZWISCHENFALL
AUF DEM MOND
AVENGERS
HÖCHSTE PRIORITÄT
Dringend! Zwischenfall auf ... dem *Mond*??
So lang ist mein Netz nicht!

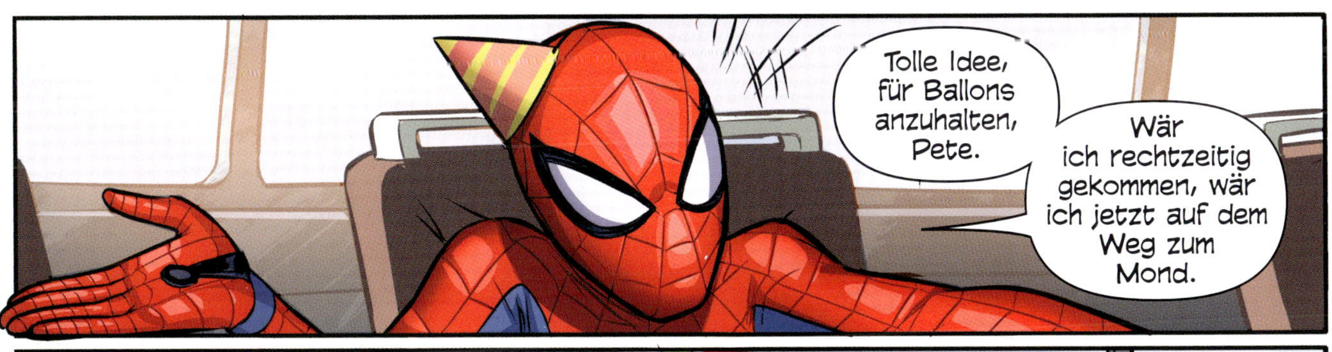
Tolle Idee, für Ballons anzuhalten, Pete.
Wär ich rechtzeitig gekommen, wär ich jetzt auf dem Weg zum Mond.

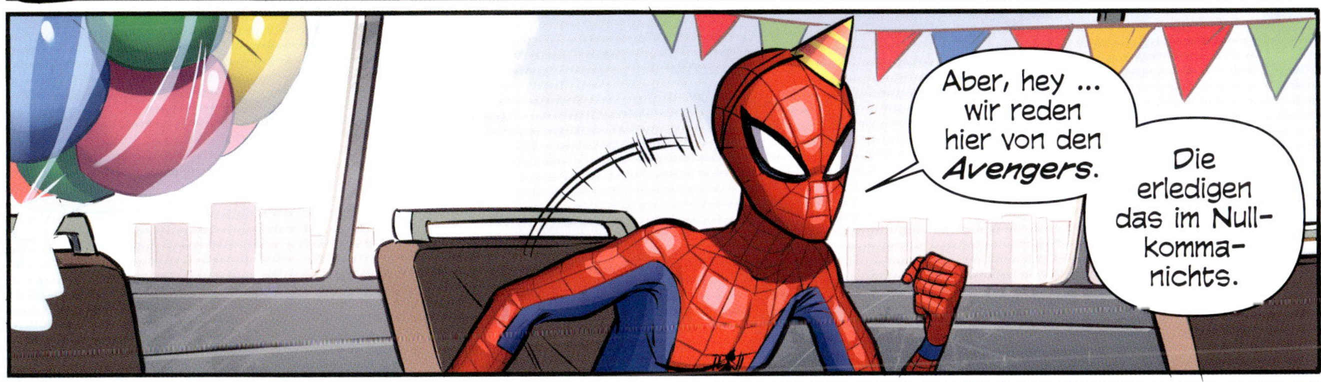
Aber, hey ... wir reden hier von den *Avengers*.
Die erledigen das im Null-komma-nichts.

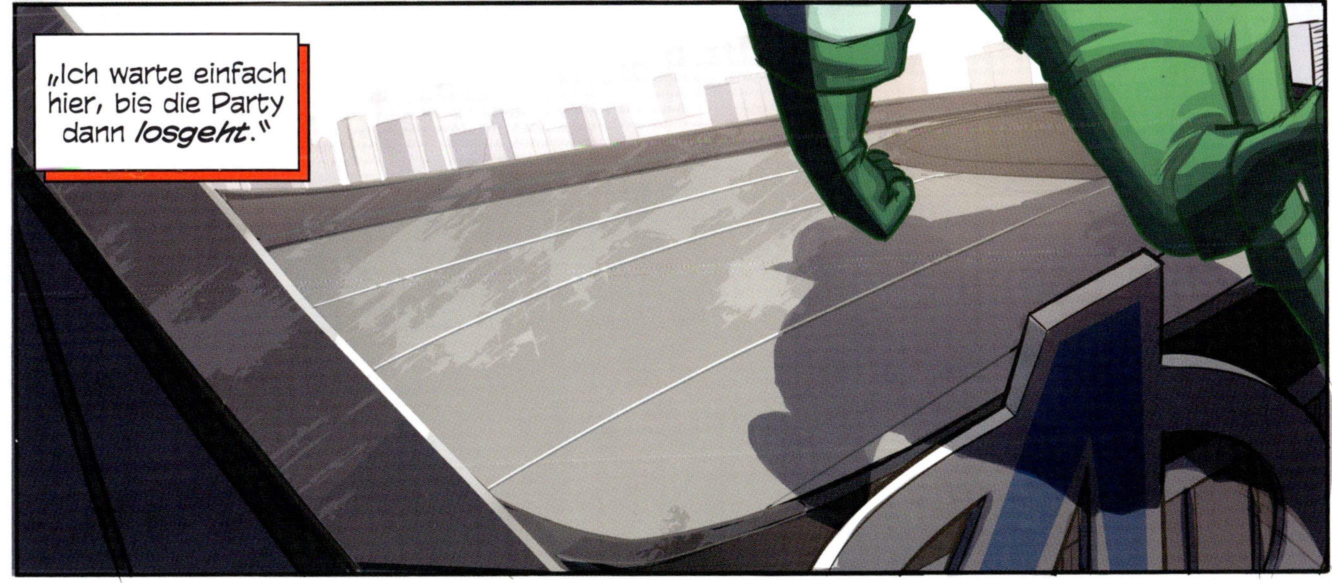
„Ich warte einfach hier, bis die Party dann *losgeht*."

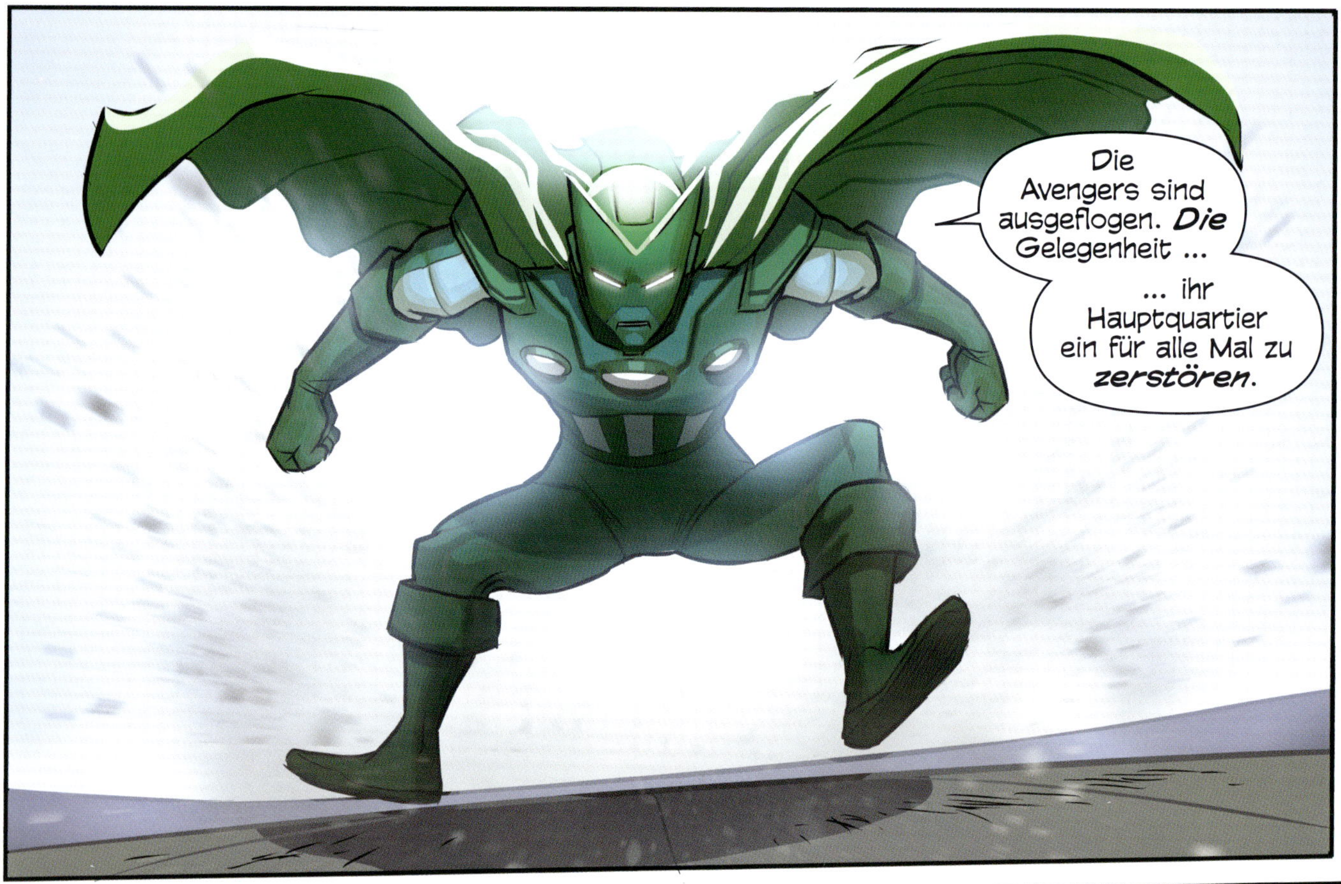

Die Avengers sind ausgeflogen. *Die* Gelegenheit ...
... ihr Hauptquartier ein für alle Mal zu *zerstören*.

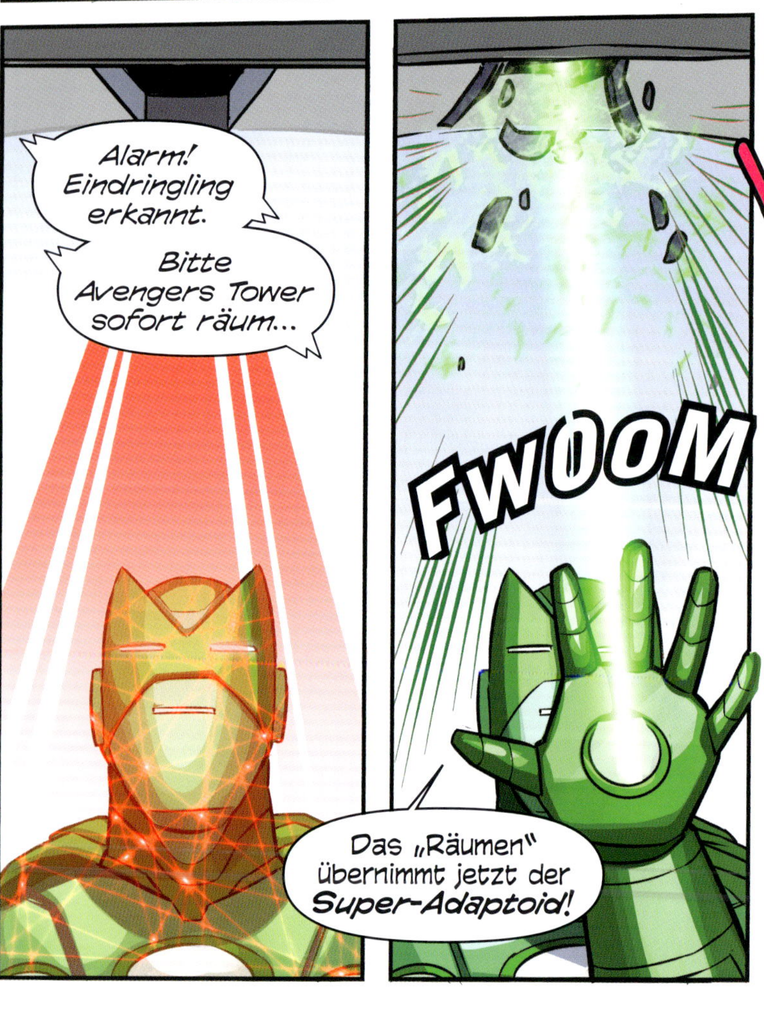

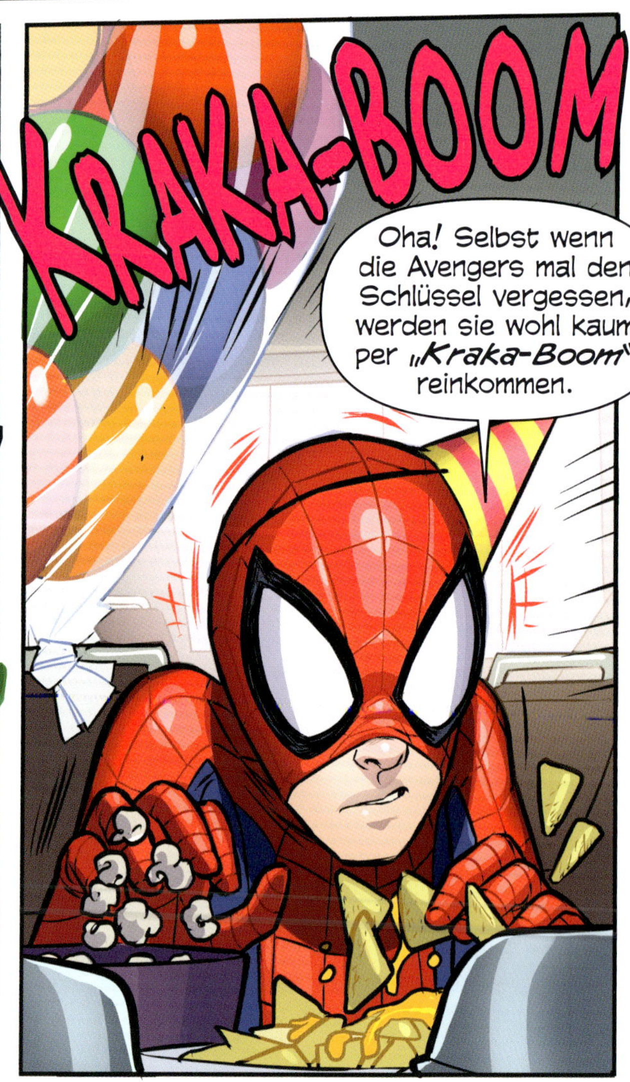

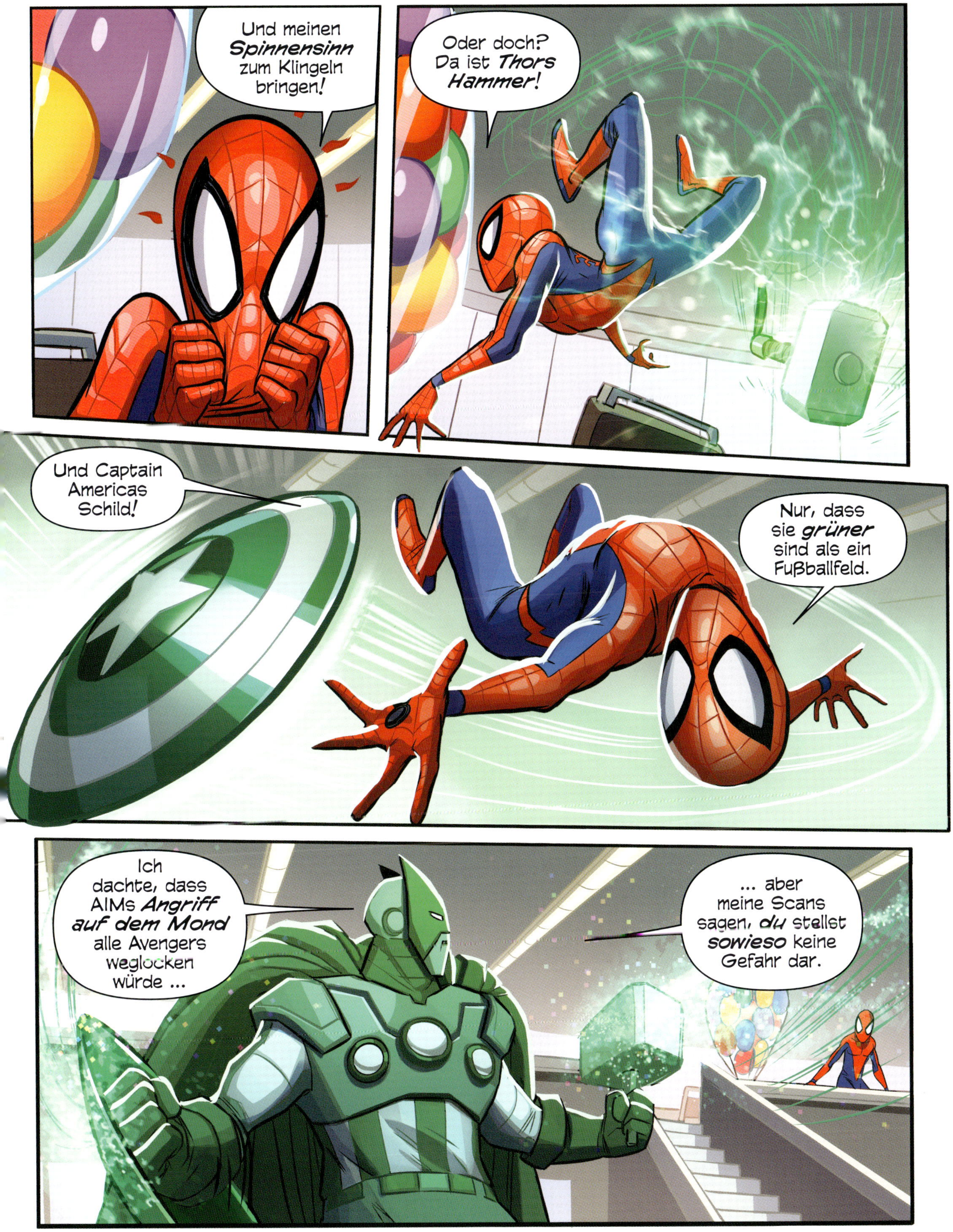

Und meinen *Spinnensinn* zum Klingeln bringen!

Oder doch? Da ist *Thors Hammer*!

Und Captain Americas Schild!

Nur, dass sie *grüner* sind als ein Fußballfeld.

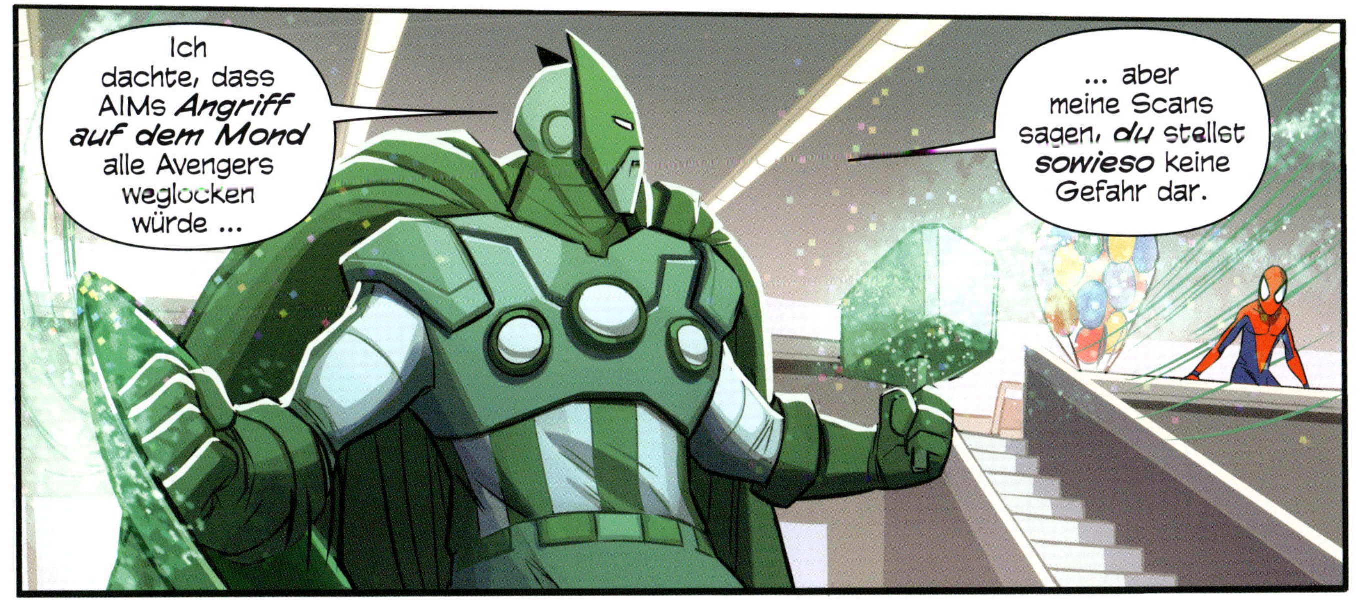

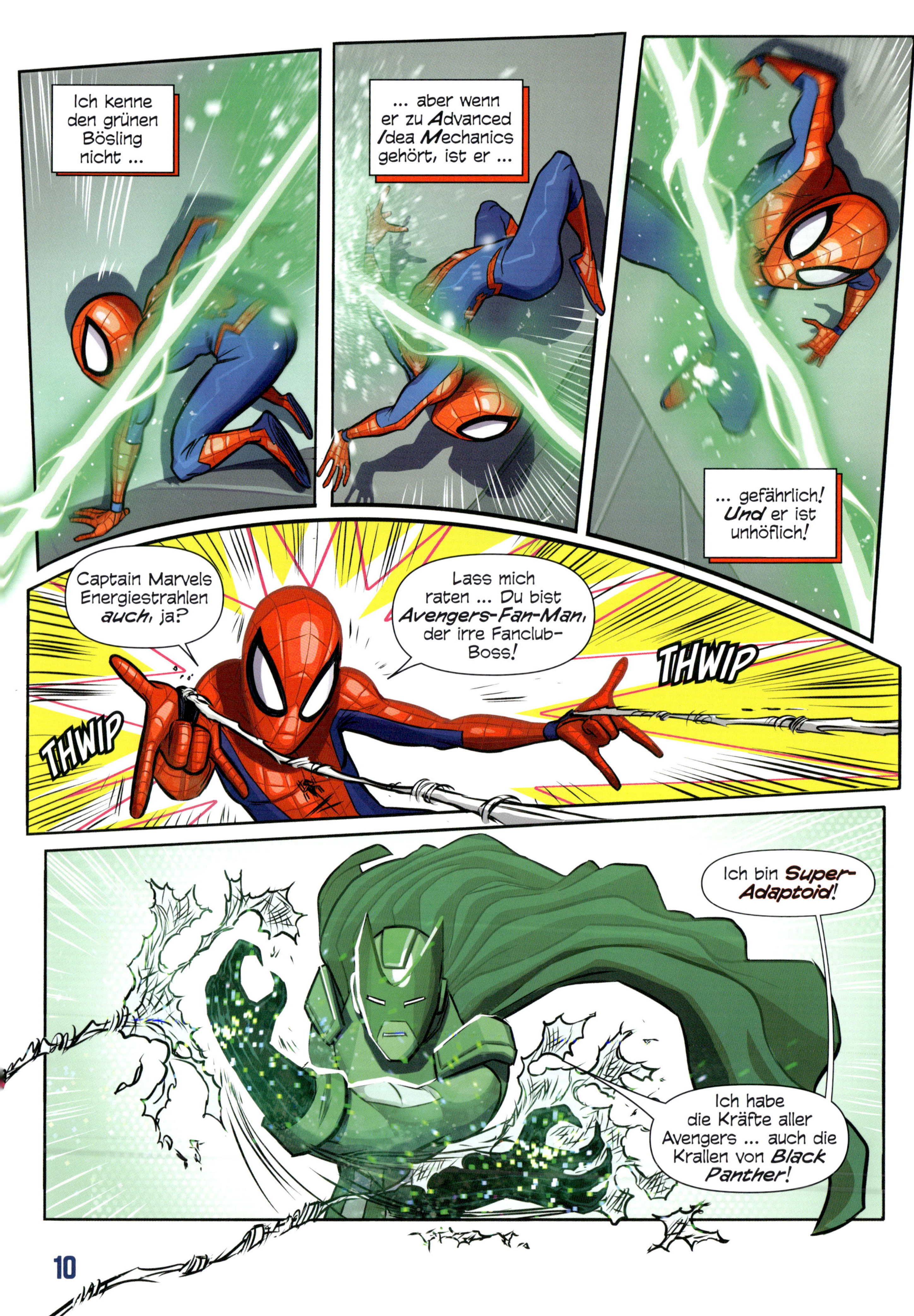

Ich kenne den grünen Bösling nicht ...
... aber wenn er zu Advanced Idea Mechanics gehört, ist er ...
... gefährlich! Und er ist unhöflich!
Captain Marvels Energiestrahlen auch, ja?
Lass mich raten ... Du bist Avengers-Fan-Man, der irre Fanclub-Boss!
THWIP
THWIP
Ich bin Super-Adaptoid!
Ich habe die Kräfte aller Avengers ... auch die Krallen von Black Panther!

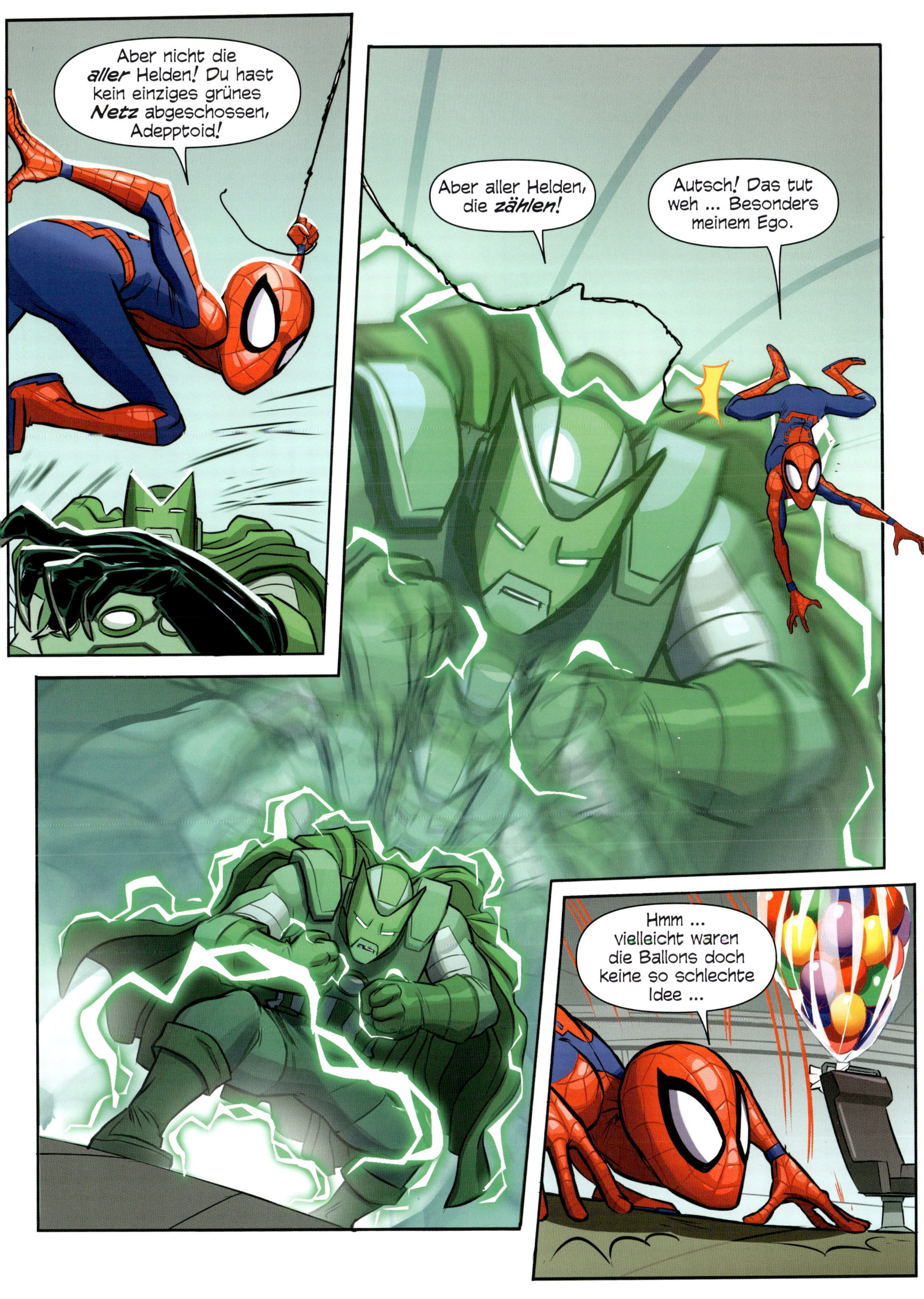
Aber nicht die *aller* Helden! Du hast kein einziges grünes *Netz* abgeschossen, Adepptoid!
Aber aller Helden, die *zählen*!
Autsch! Das tut weh ... Besonders meinem Ego.
Hmm ... vielleicht waren die Ballons doch keine so schlechte Idee ...

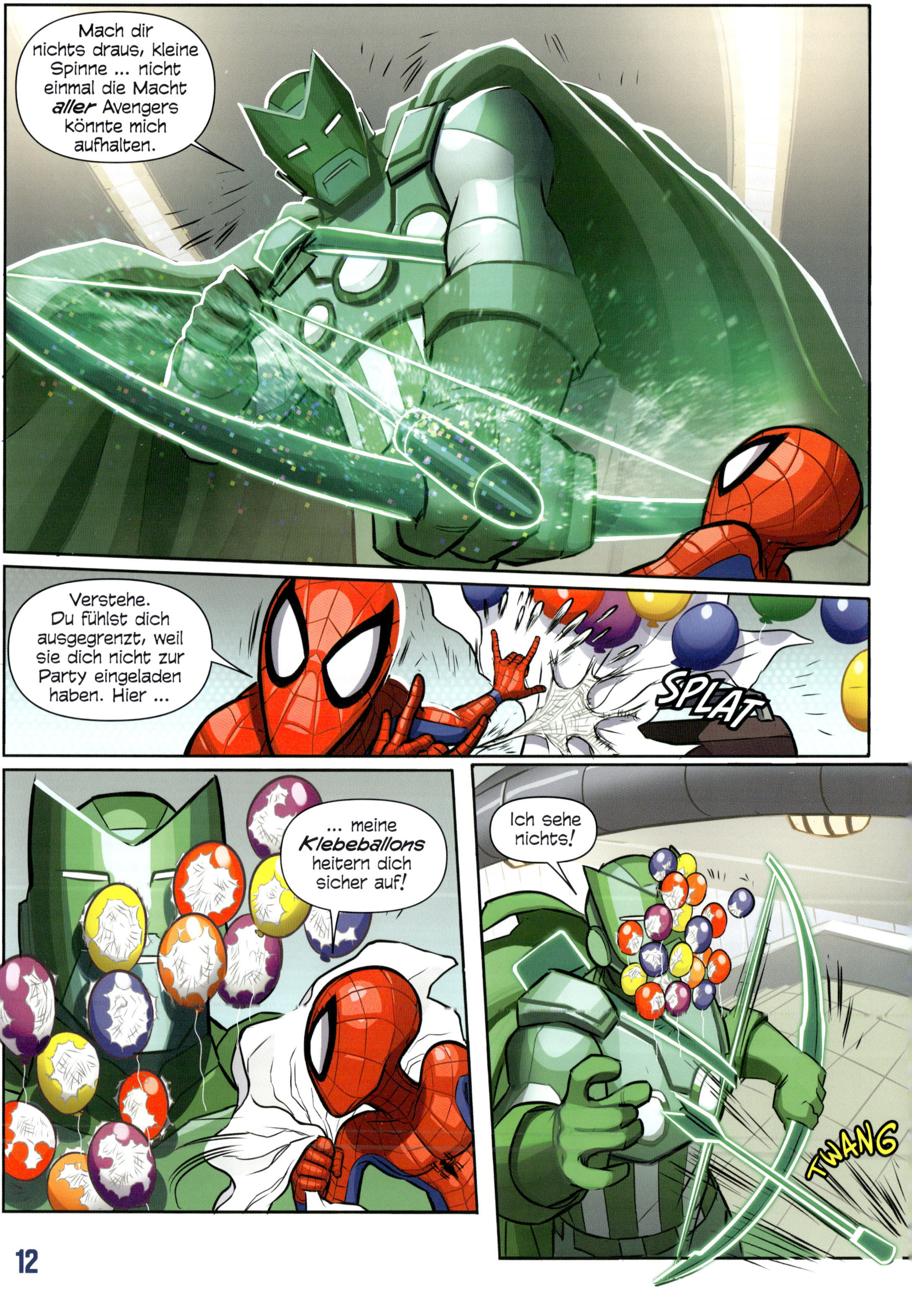

Mach dir nichts draus, kleine Spinne ... nicht einmal die Macht *aller* Avengers könnte mich aufhalten.

Verstehe. Du fühlst dich ausgegrenzt, weil sie dich nicht zur Party eingeladen haben. Hier ...

SPLAT

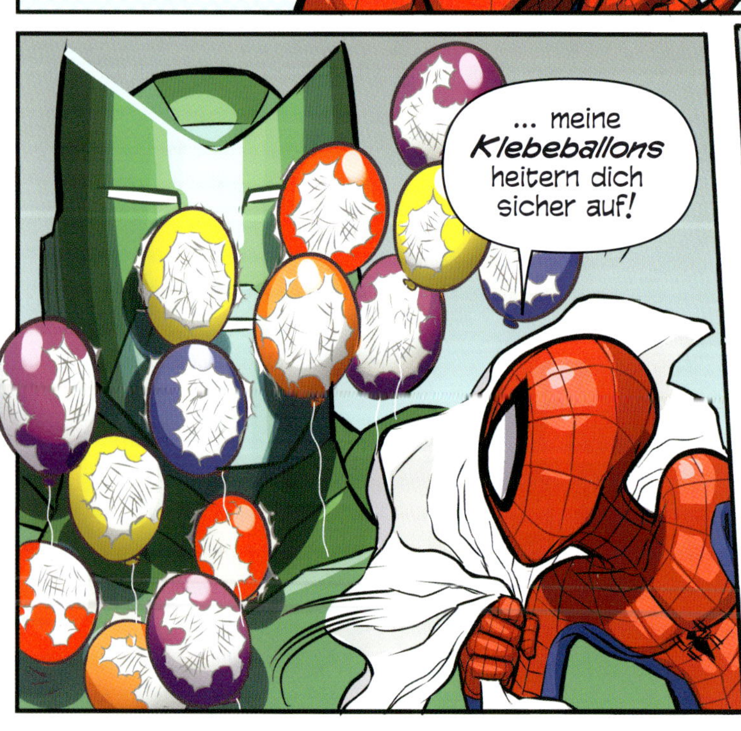

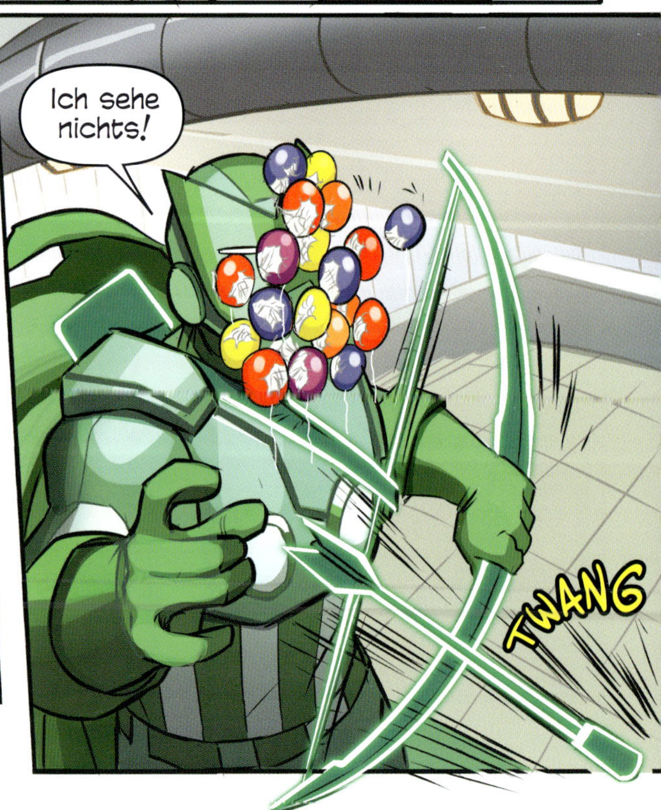

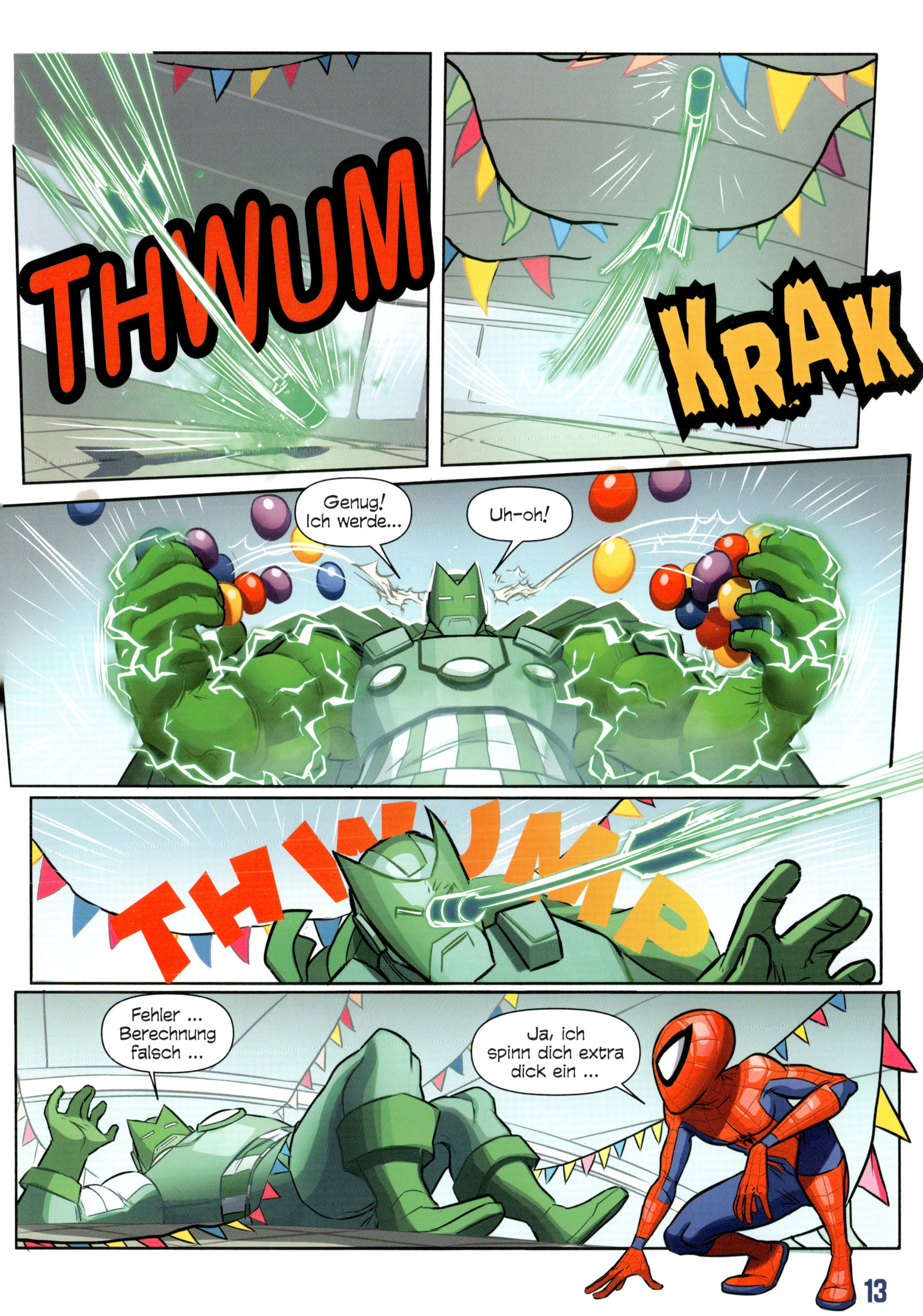
THWUM
KRAK
Genug! Ich werde...
Uh-oh!
THWUMP
Fehler ... Berechnung falsch ...
Ja, ich spinn dich extra dick ein ...

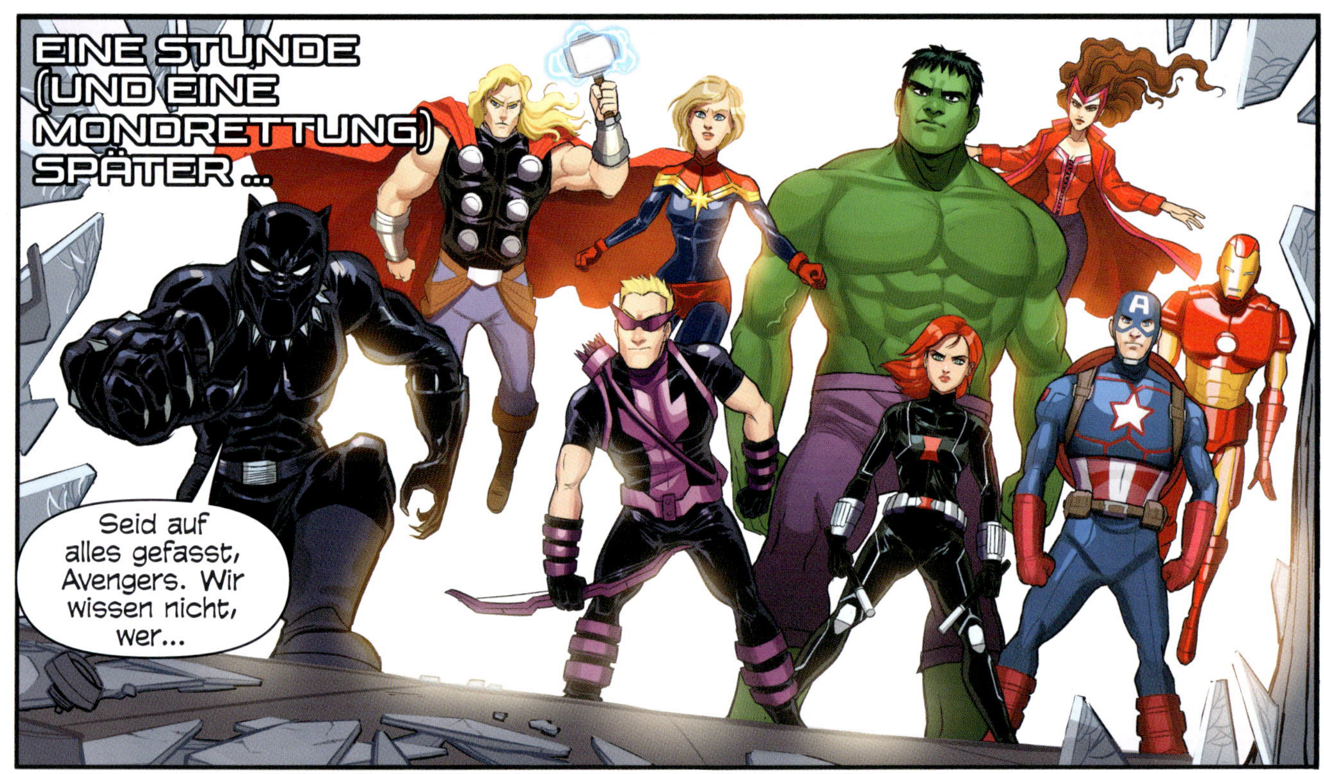
EINE STUNDE (UND EINE MONDRETTUNG) SPÄTER ...
Seid auf alles gefasst, Avengers. Wir wissen nicht, wer...

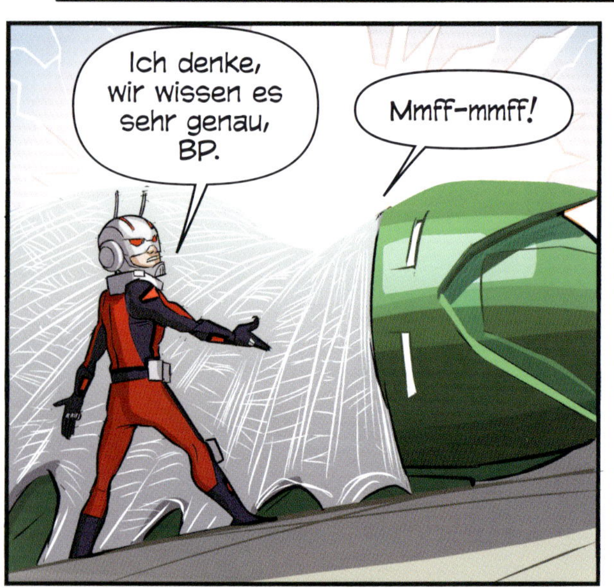
Ich denke, wir wissen es sehr genau, BP.
Mmff-mmff!

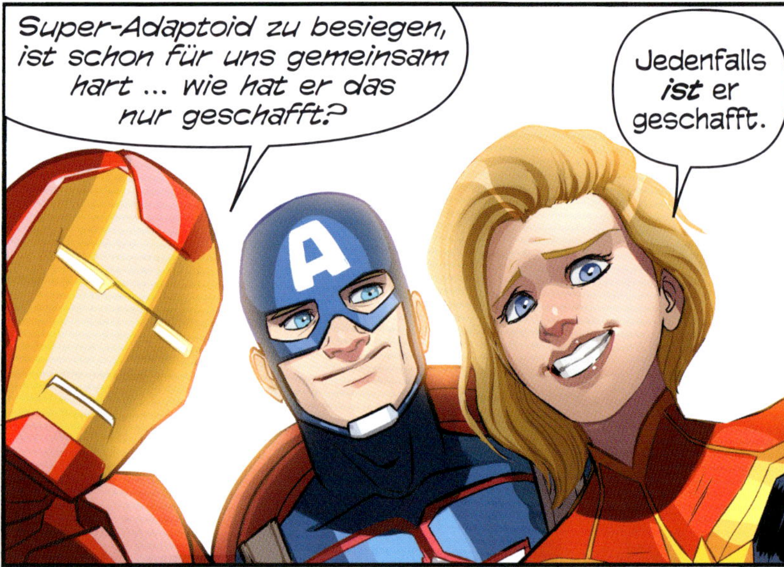
Super-Adaptoid zu besiegen, ist schon für uns gemeinsam hart ... wie hat er das nur geschafft?
Jedenfalls *ist* er geschafft.

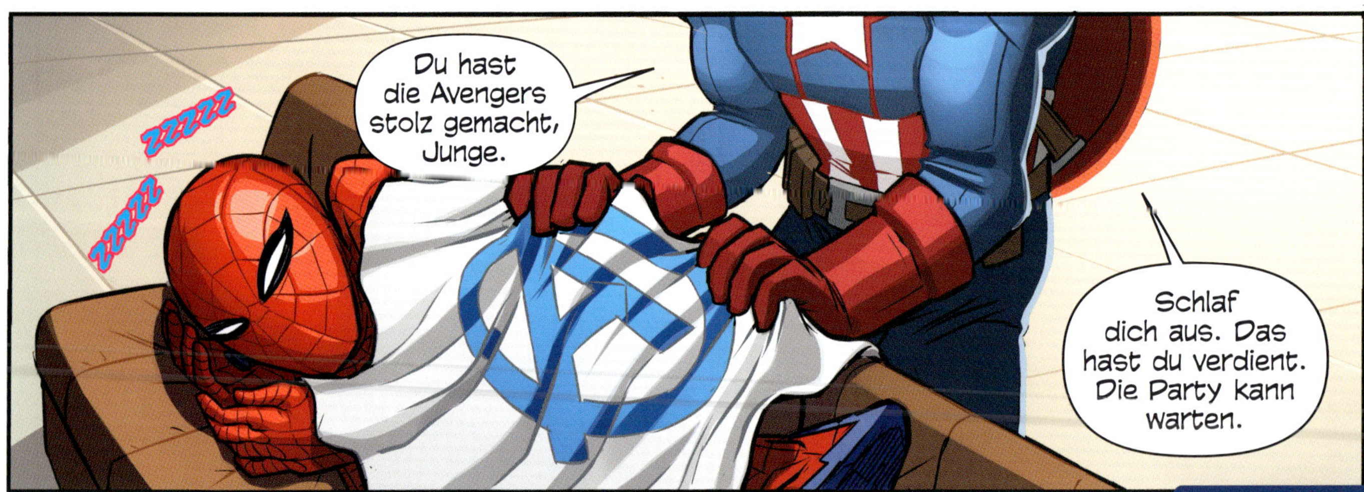
ZZZZZ
ZZZZZ
Du hast die Avengers stolz gemacht, Junge.
Schlaf dich aus. Das hast du verdient. Die Party kann warten.

Ende

Negative Schwingungen

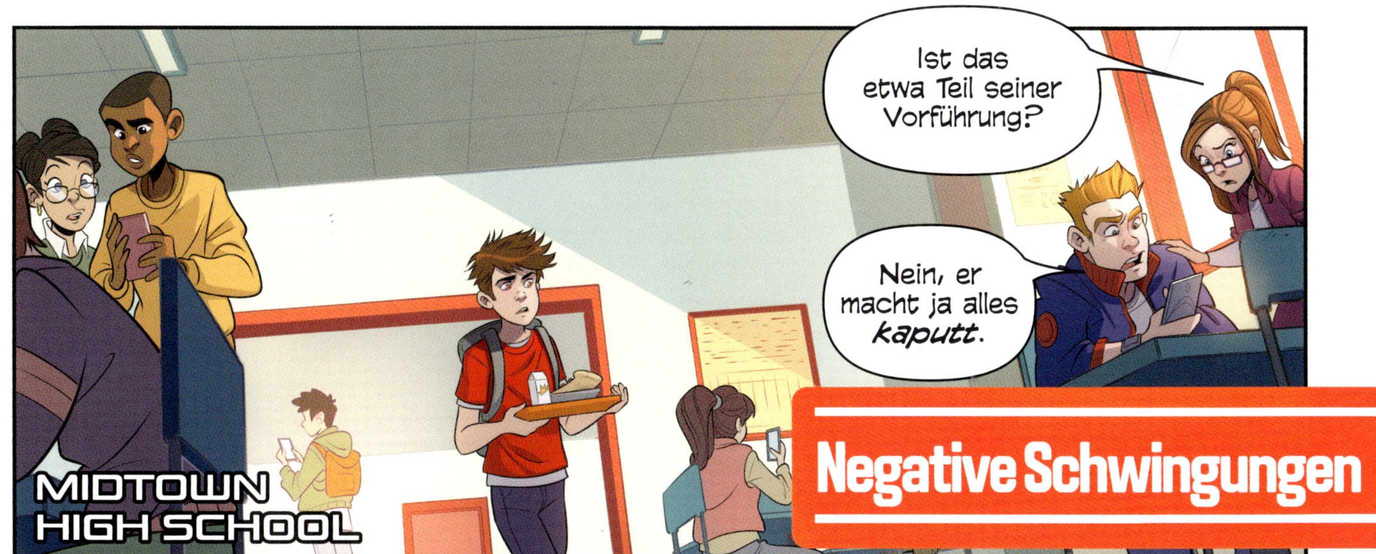

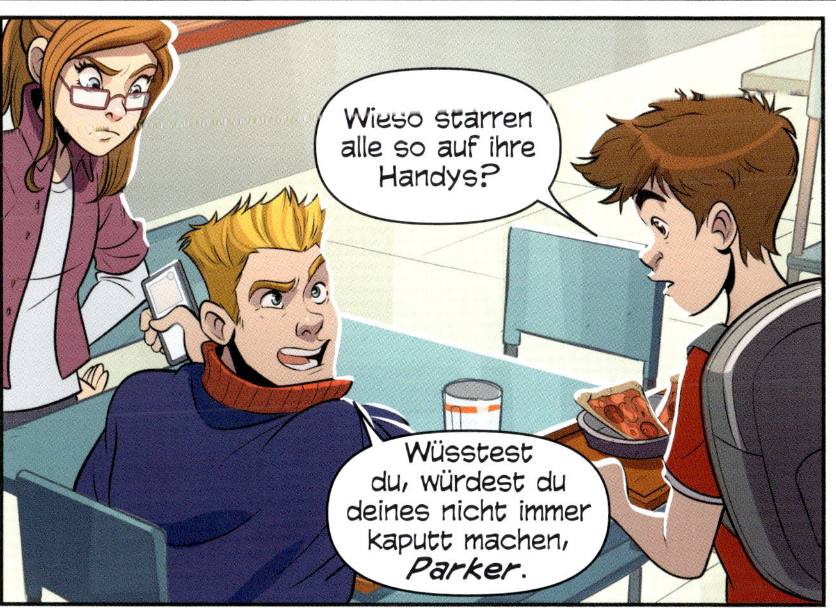

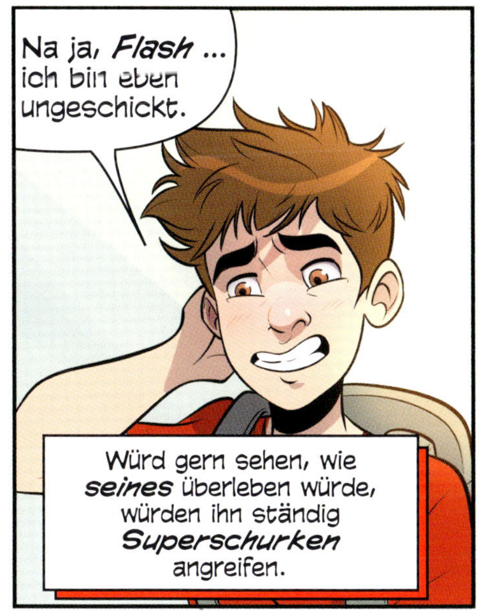

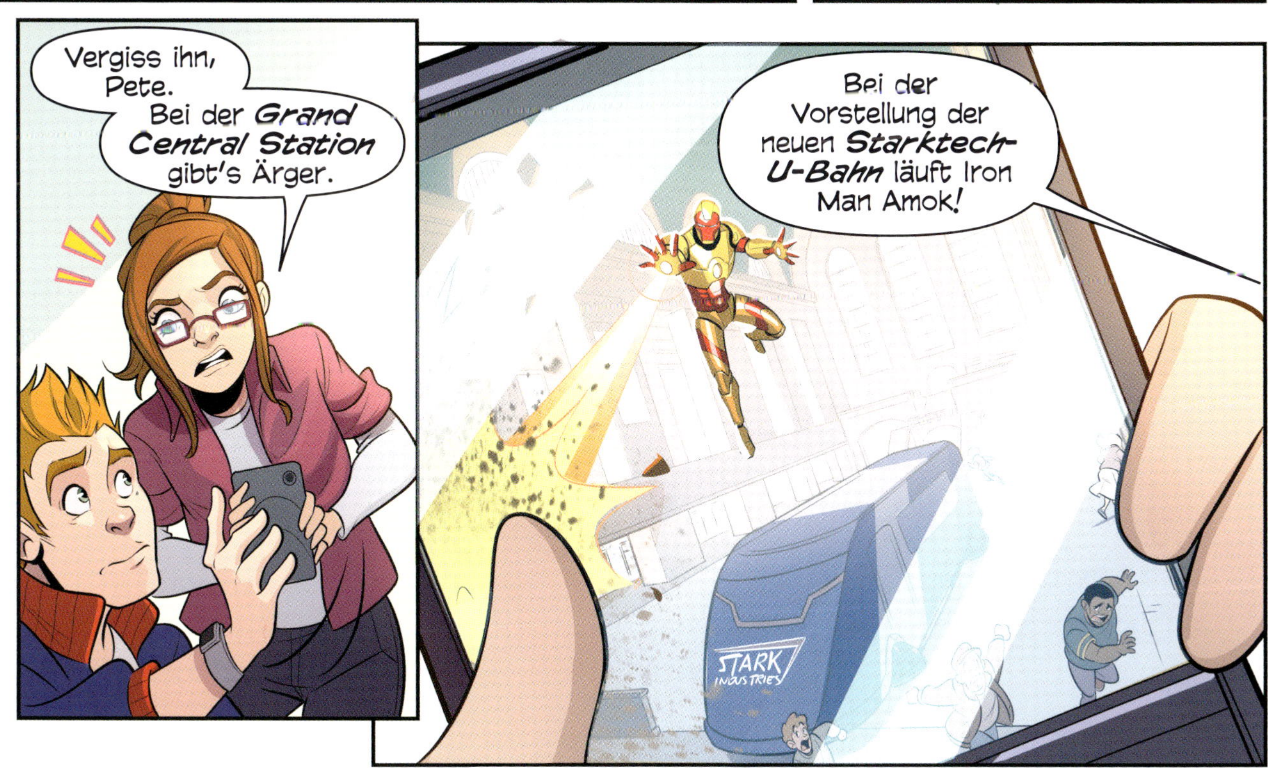

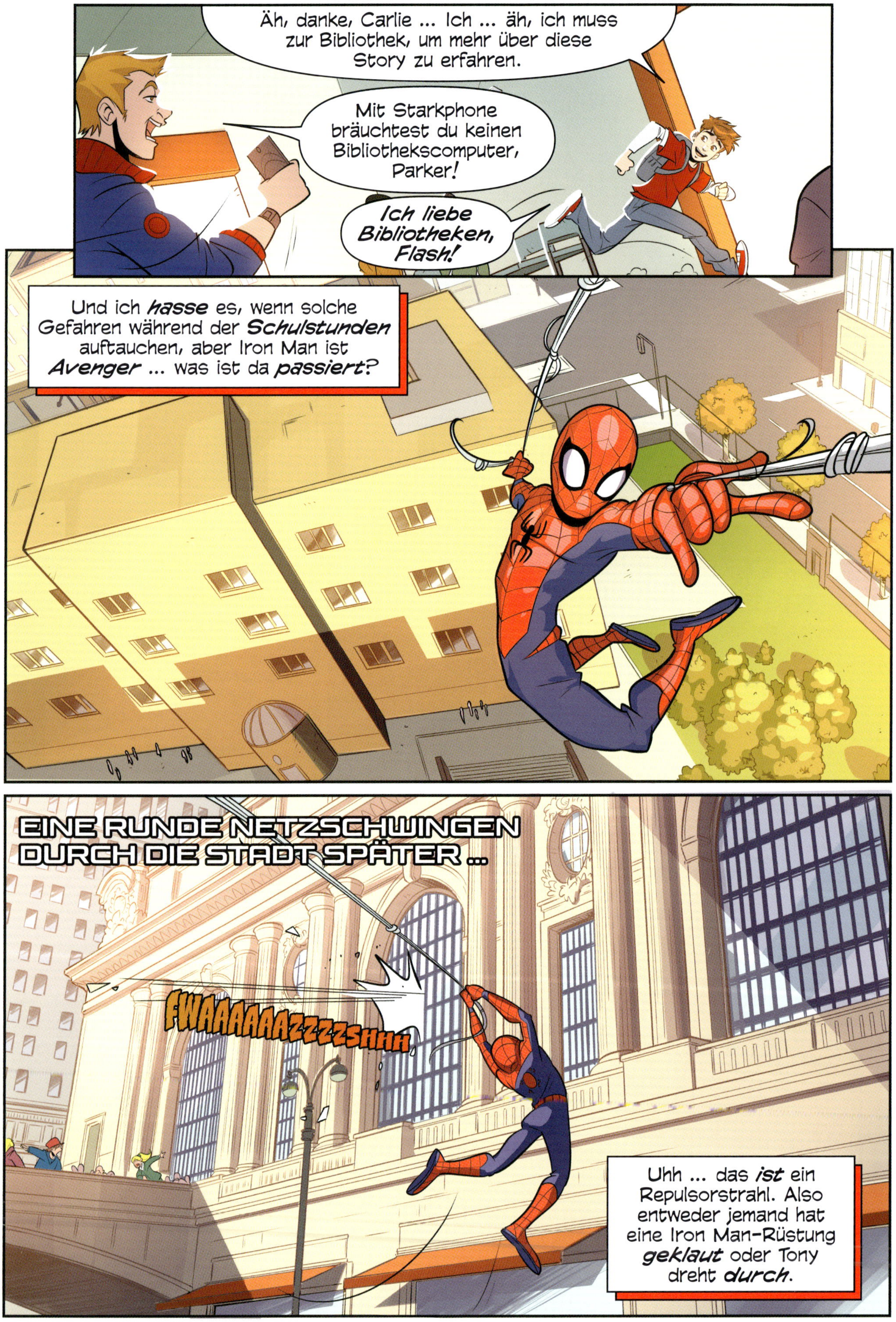

Äh, danke, Carlie ... Ich ... äh, ich muss zur Bibliothek, um mehr über diese Story zu erfahren.

Mit Starkphone bräuchtest du keinen Bibliothekscomputer, Parker!

Ich liebe Bibliotheken, Flash!

Und ich *hasse* es, wenn solche Gefahren während der *Schulstunden* auftauchen, aber Iron Man ist *Avenger* ... was ist da *passiert*?

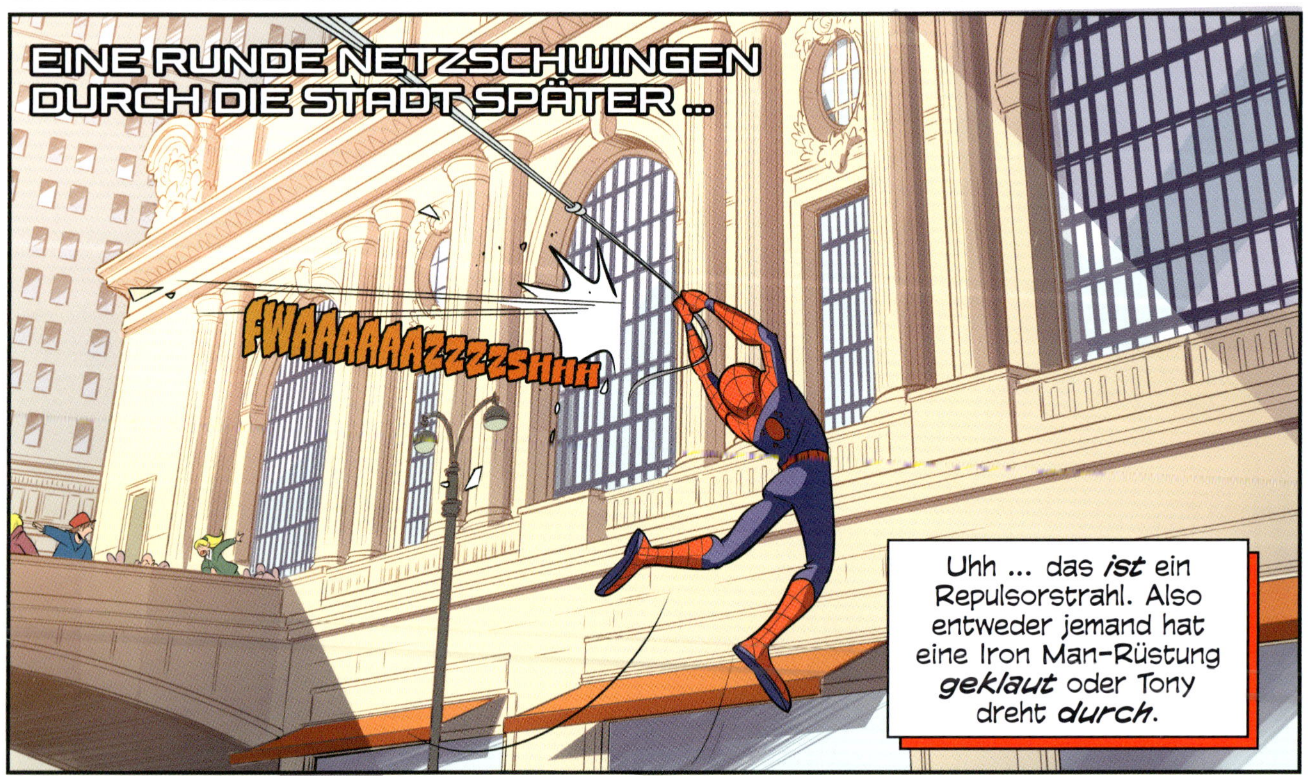

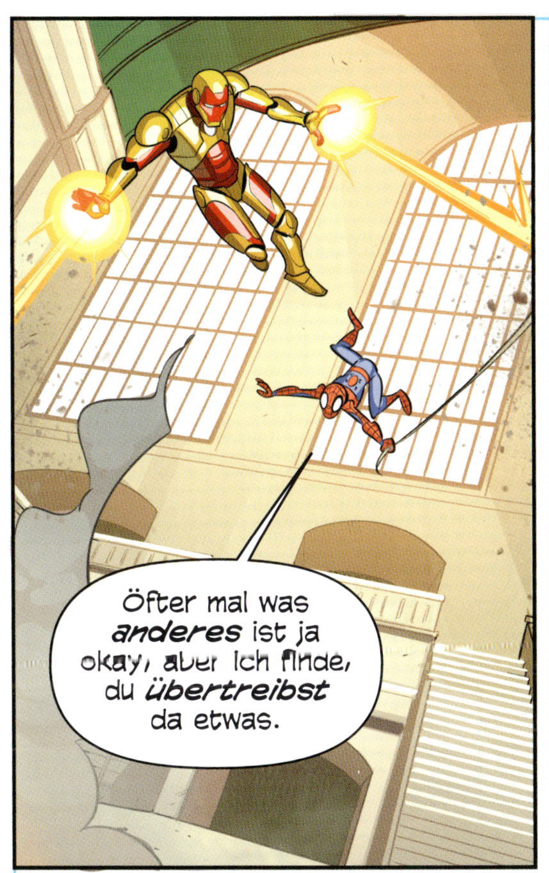
Öfter mal was anderes ist ja okay, aber ich finde, du übertreibst da etwas.

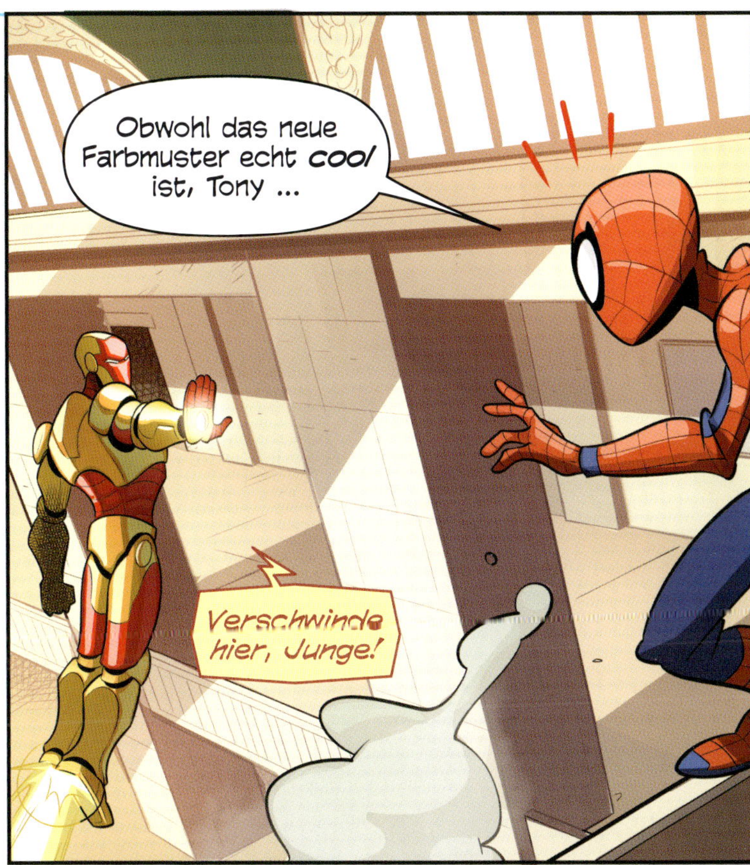
Obwohl das neue Farbmuster echt cool ist, Tony ...
Verschwinde hier, Junge!

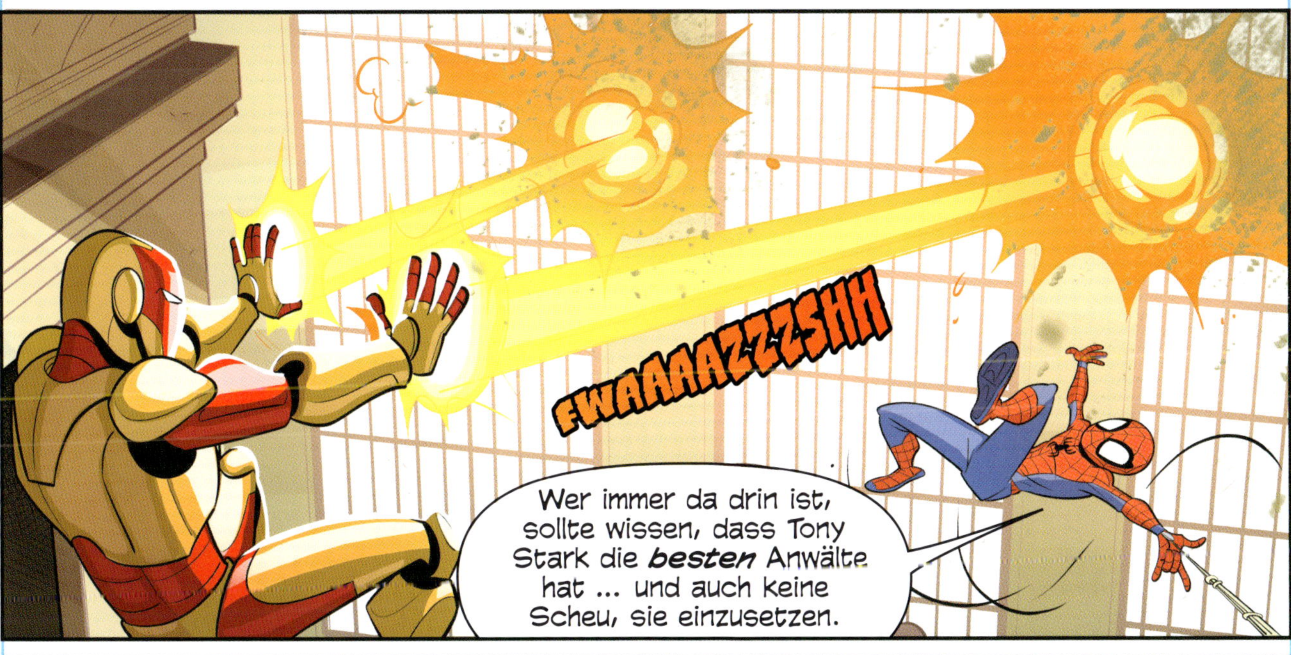
FWAAAAZZZSHH
Wer immer da drin ist, sollte wissen, dass Tony Stark die besten Anwälte hat ... und auch keine Scheu, sie einzusetzen.

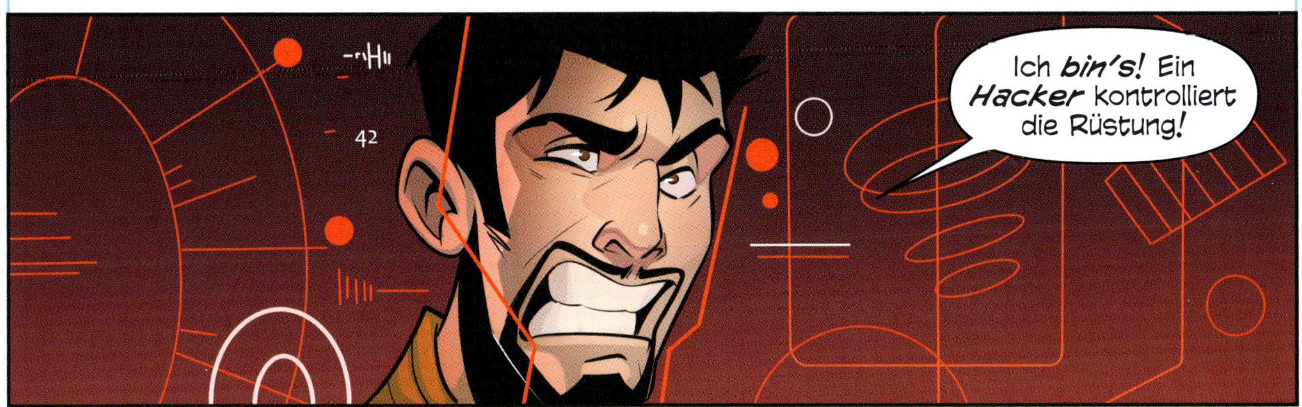
Ich bin's! Ein Hacker kontrolliert die Rüstung!

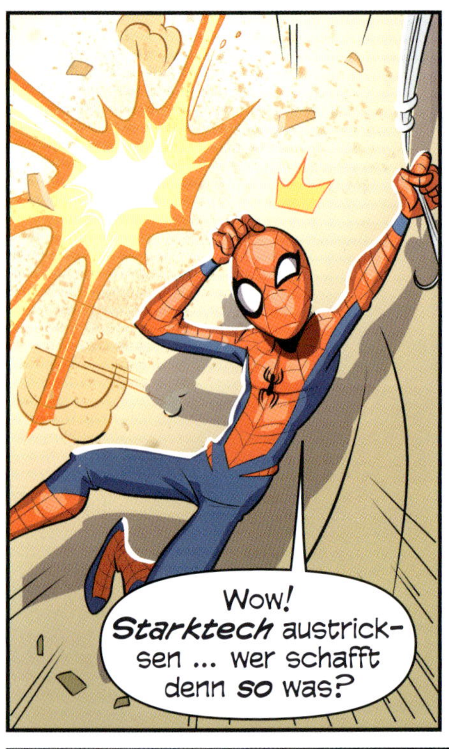
Wow! Starktech austrick-sen ... wer schafft denn so was?

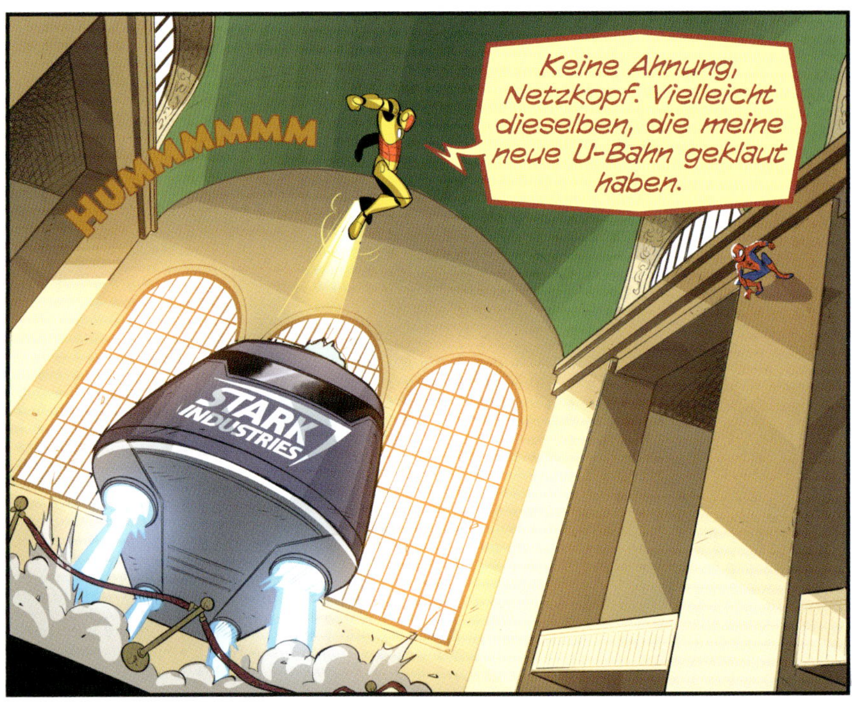
HUMMMMMMM
Keine Ahnung, Netzkopf. Vielleicht dieselben, die meine neue U-Bahn geklaut haben.
STARK INDUSTRIES

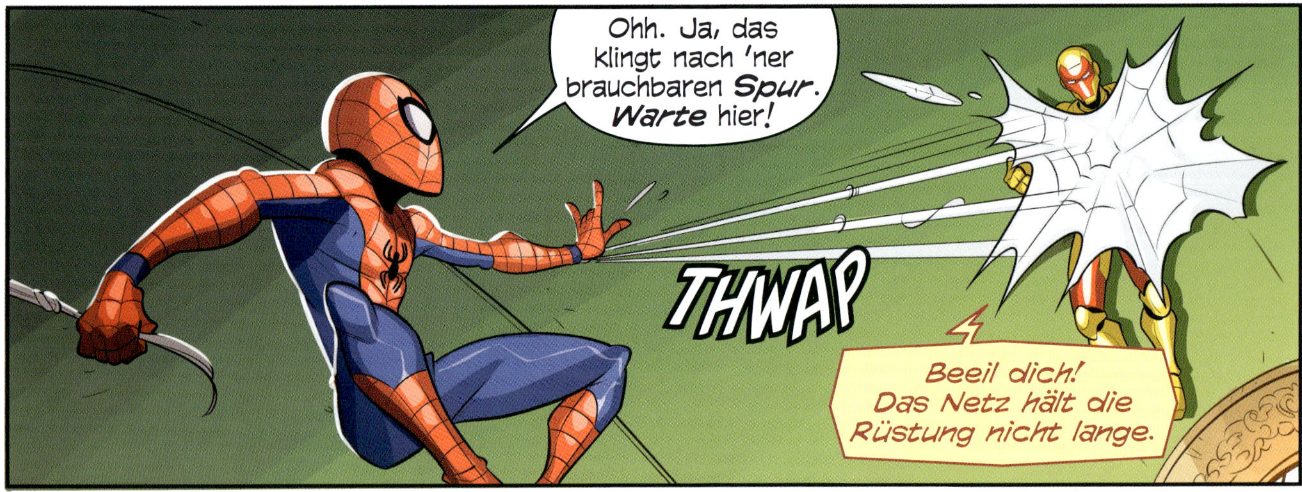
Ohh. Ja, das klingt nach 'ner brauchbaren Spur. Warte hier!
THWAP
Beeil dich! Das Netz hält die Rüstung nicht lange.

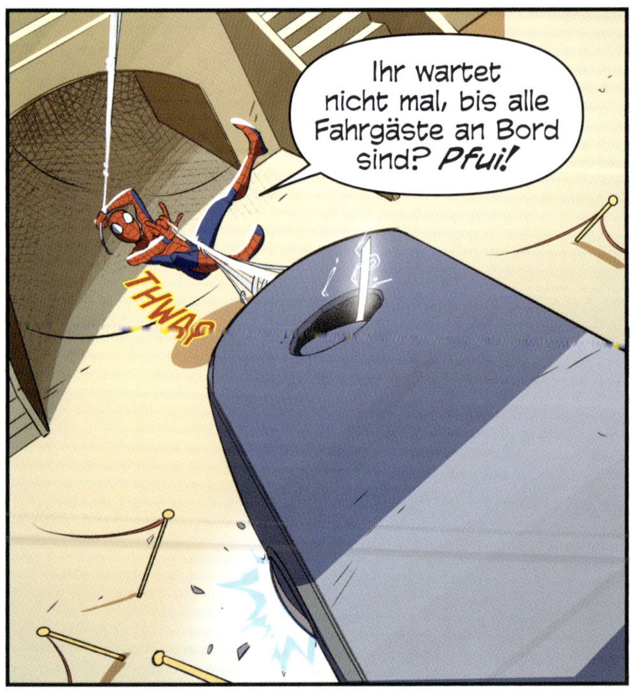
Ihr wartet nicht mal, bis alle Fahrgäste an Bord sind? Pfui!
THWAP

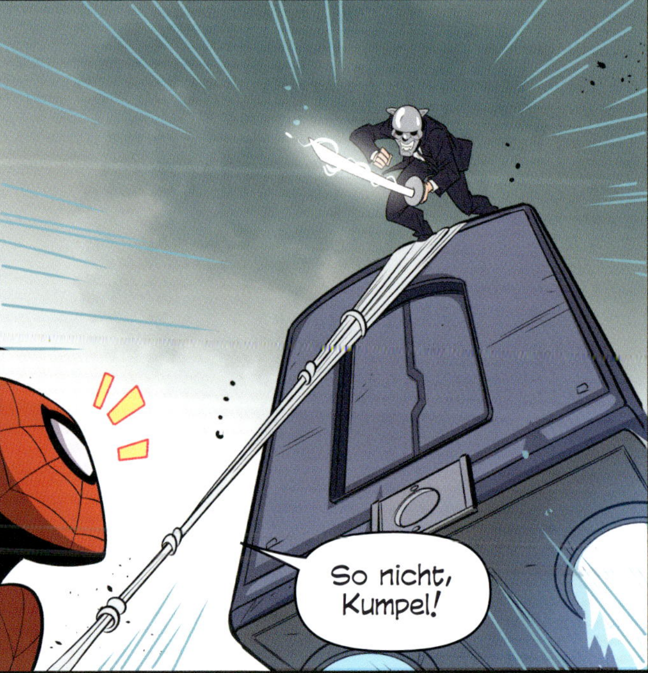
So nicht, Kumpel!

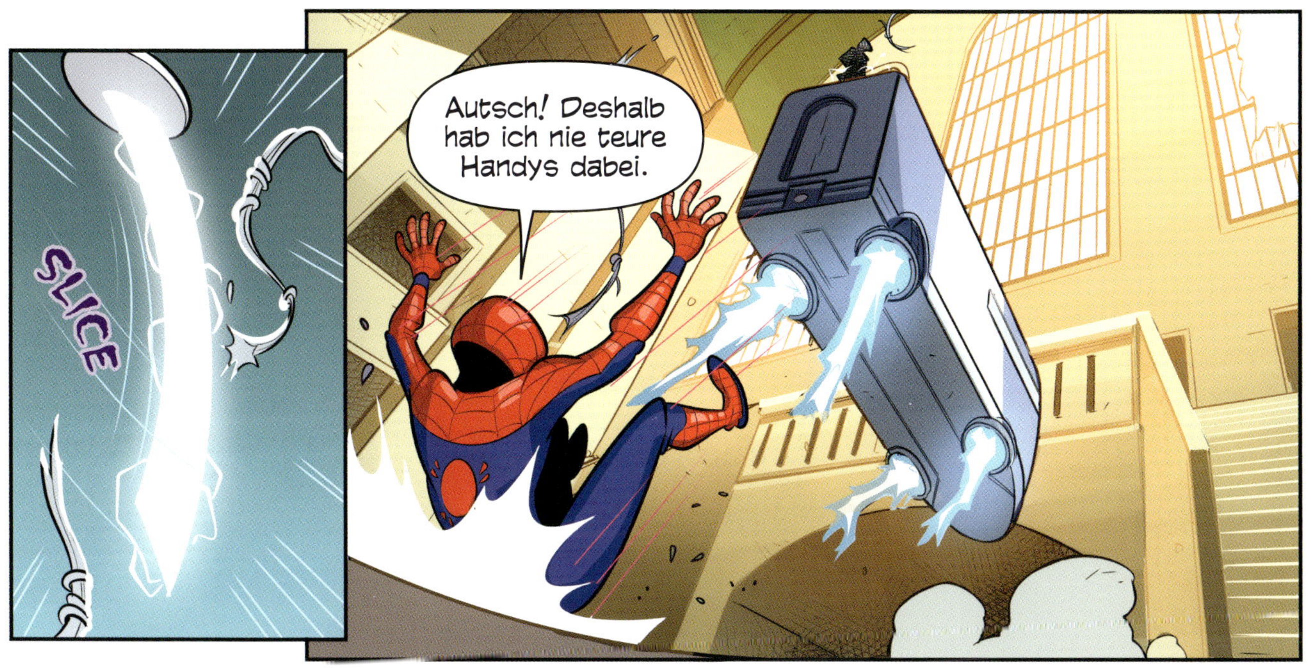
SLICE
Autsch! Deshalb hab ich nie teure Handys dabei.

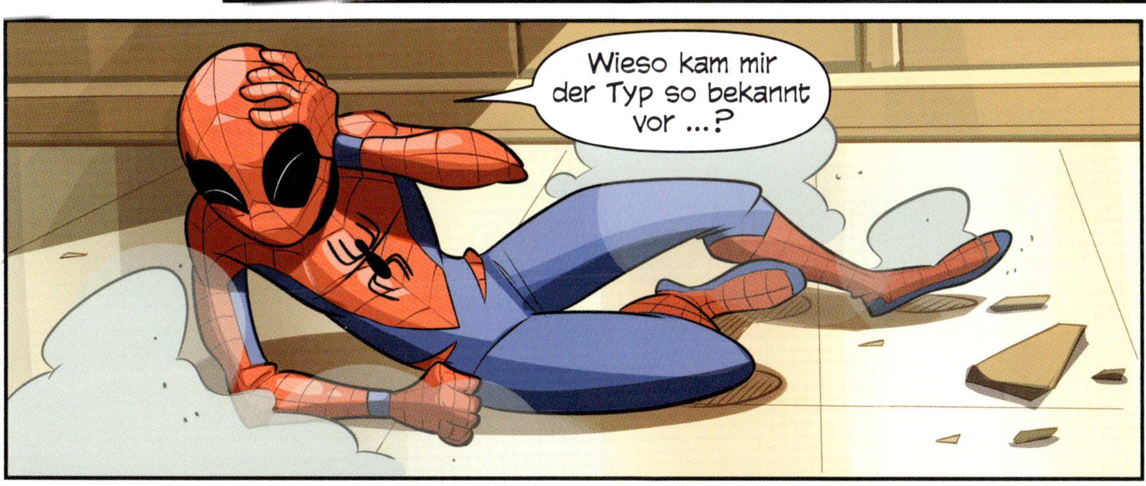
Wieso kam mir der Typ so bekannt vor ...?

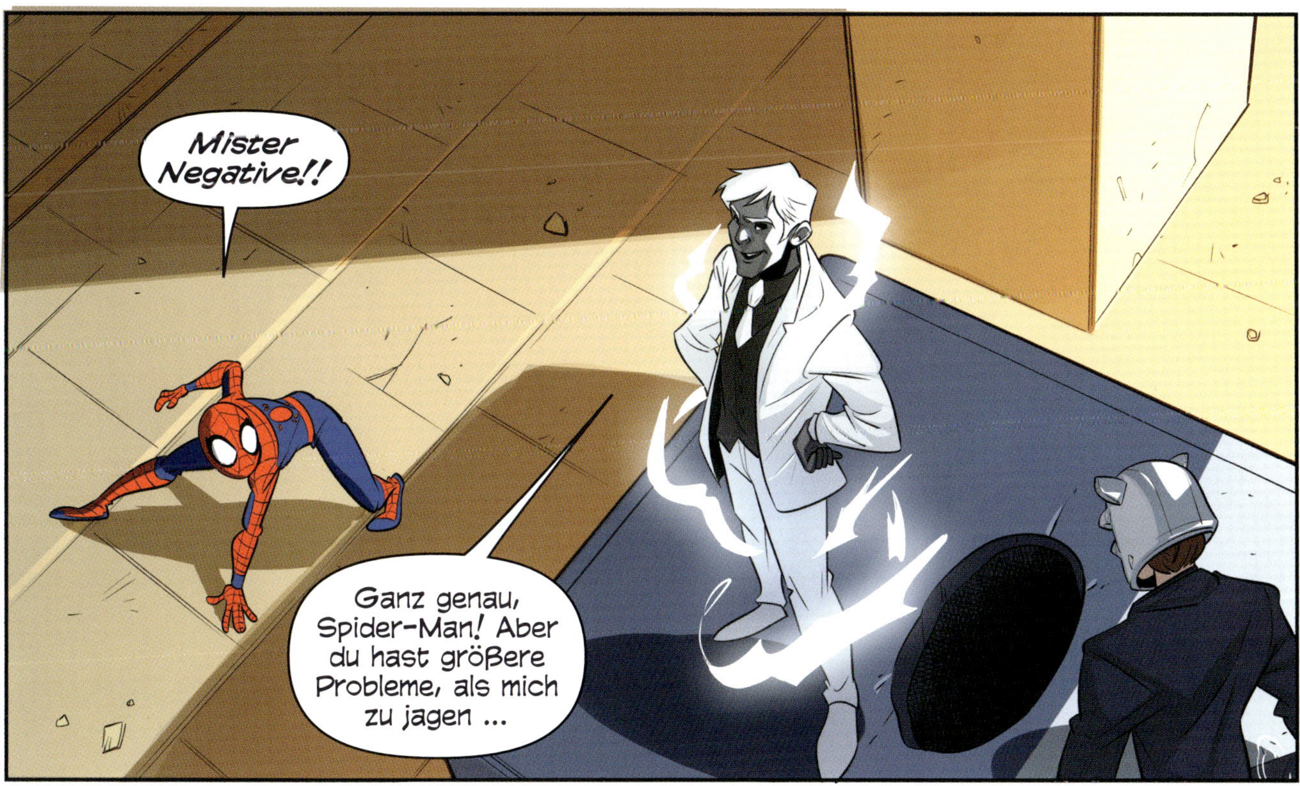
Mister Negative!!
Ganz genau, Spider-Man! Aber du hast größere Probleme, als mich zu jagen ...

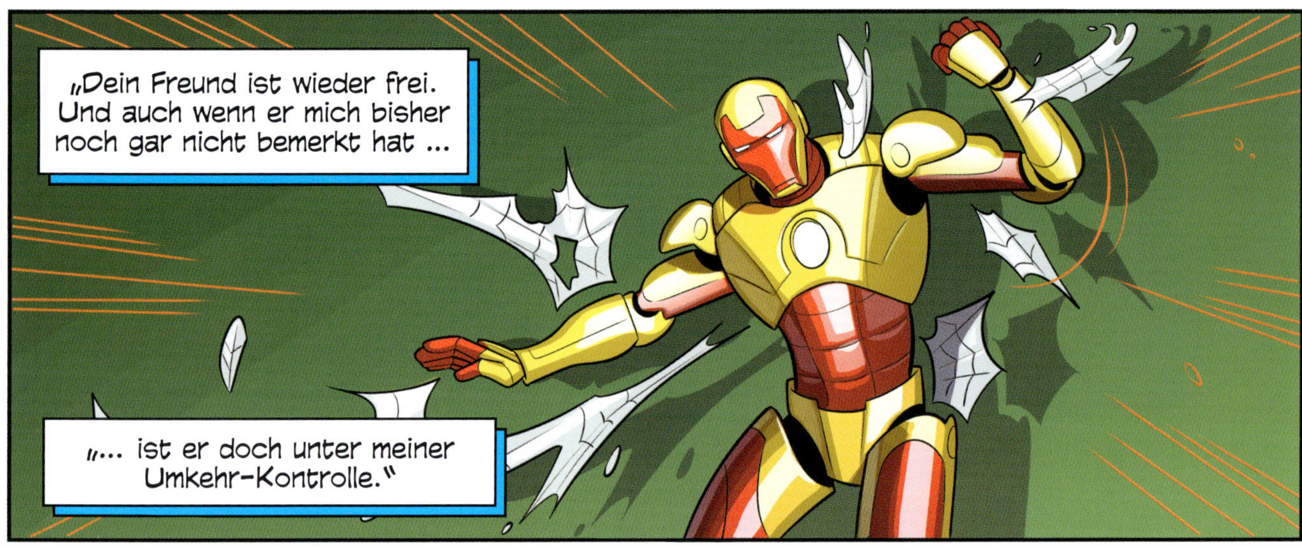
„Dein Freund ist wieder frei. Und auch wenn er mich bisher noch gar nicht bemerkt hat …
„… ist er doch unter meiner Umkehr-Kontrolle."

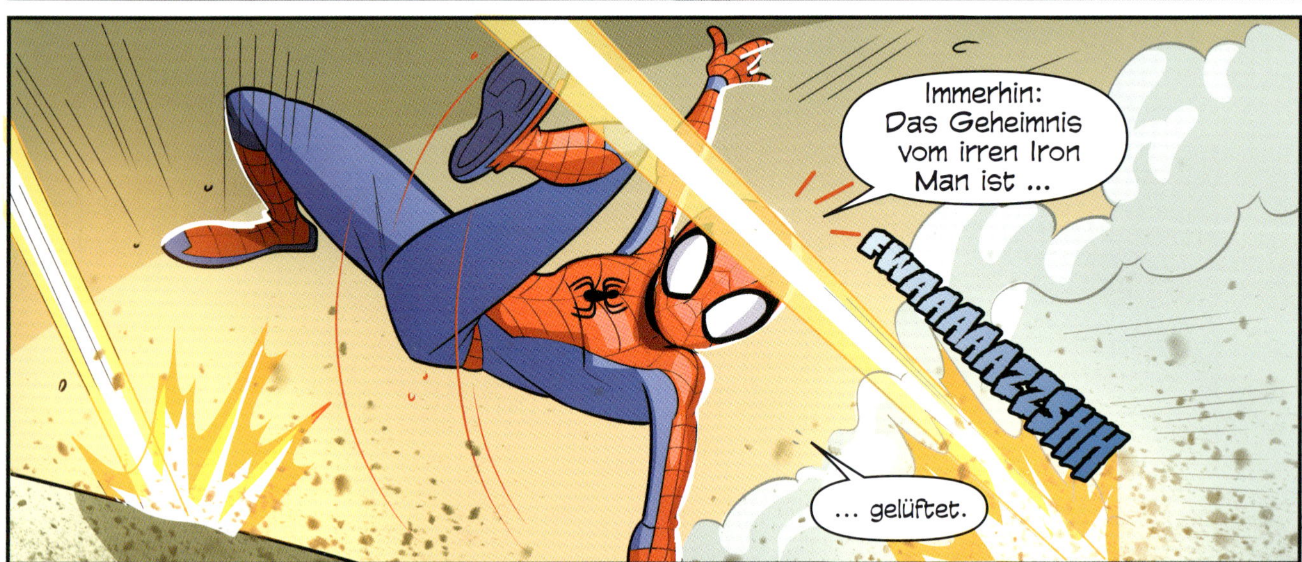
Immerhin: Das Geheimnis vom irren Iron Man ist …
FWAAAAAAZZSHH
… gelüftet.

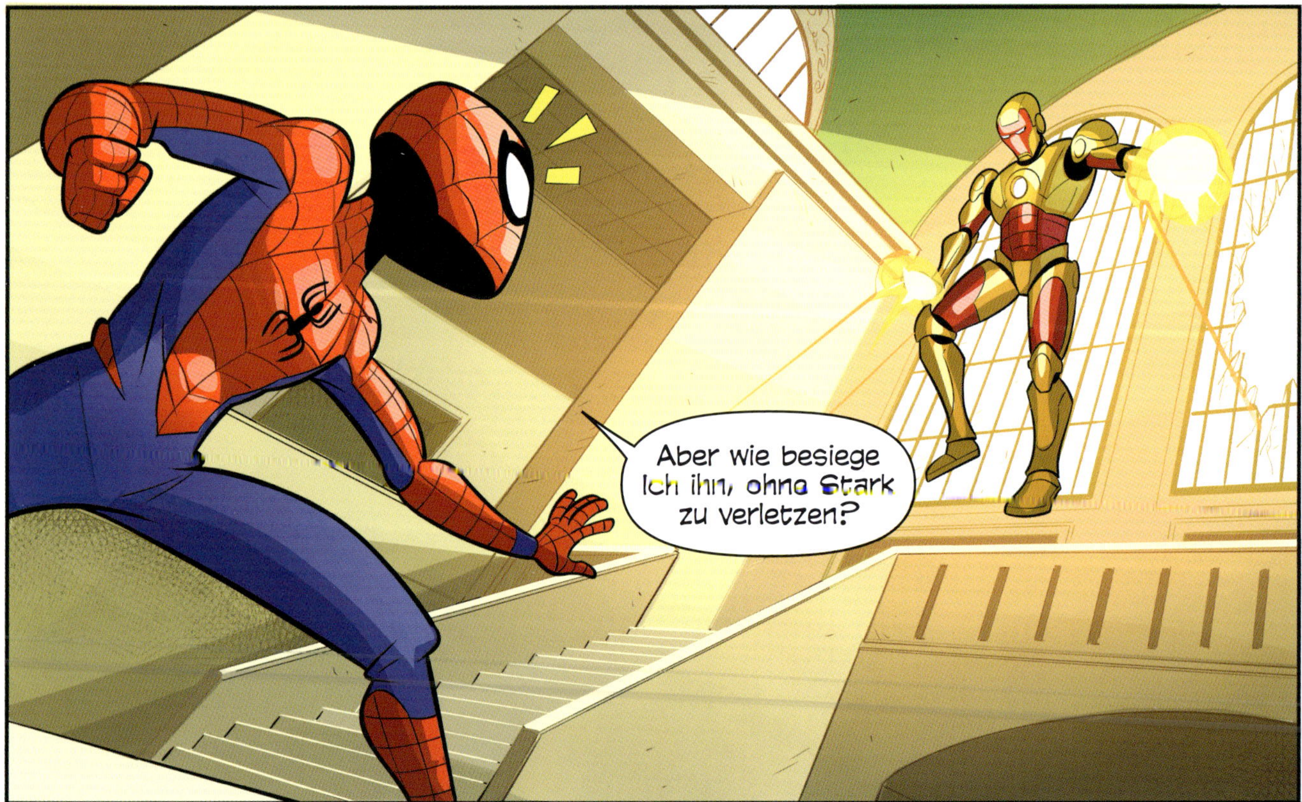
Aber wie besiege Ich ihn, ohne Stark zu verletzen?

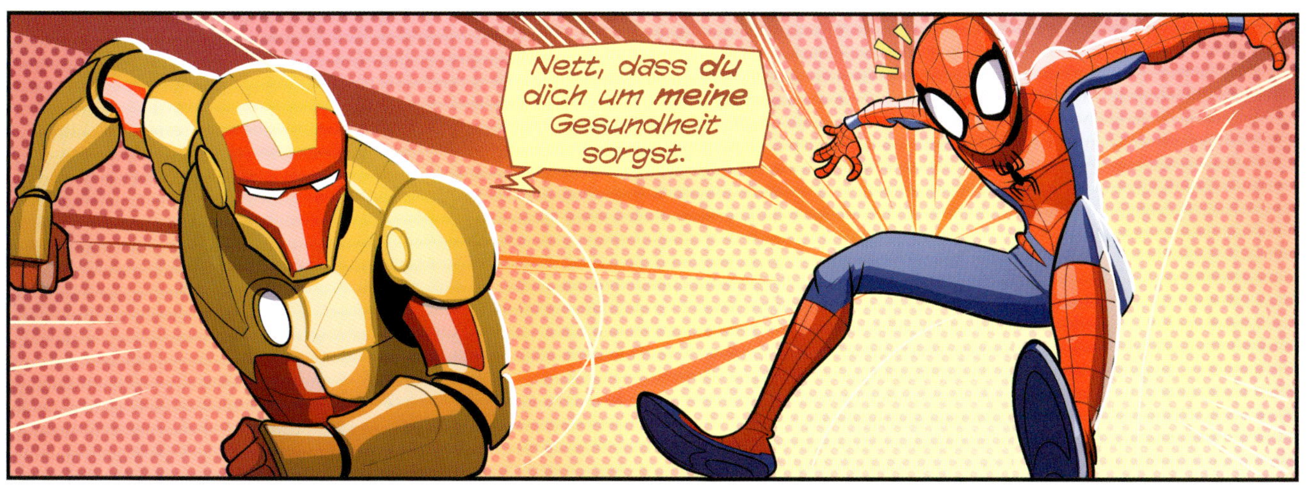
Nett, dass du dich um meine Gesundheit sorgst.

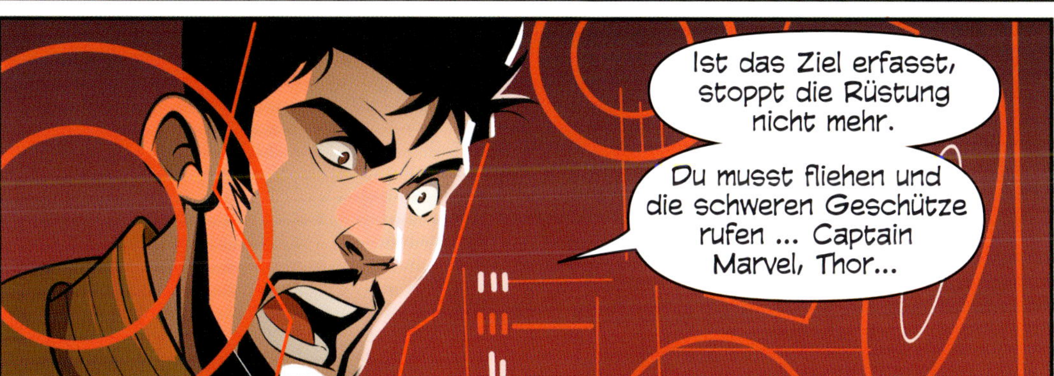
Ist das Ziel erfasst, stoppt die Rüstung nicht mehr.
Du musst fliehen und die schweren Geschütze rufen ... Captain Marvel, Thor...

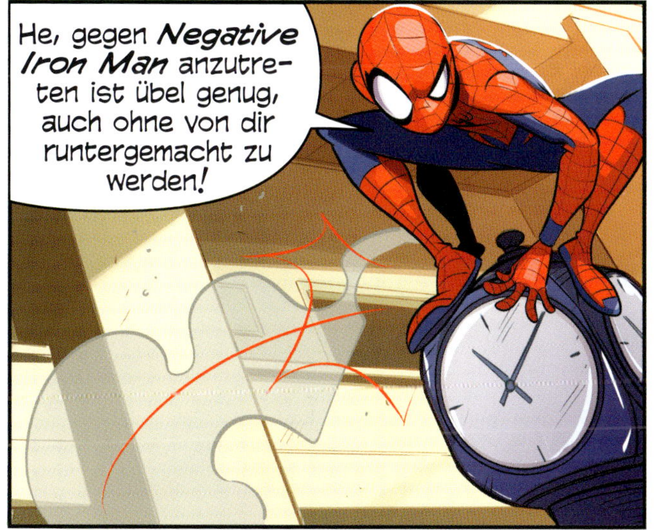
He, gegen Negative Iron Man anzutreten ist übel genug, auch ohne von dir runtergemacht zu werden!

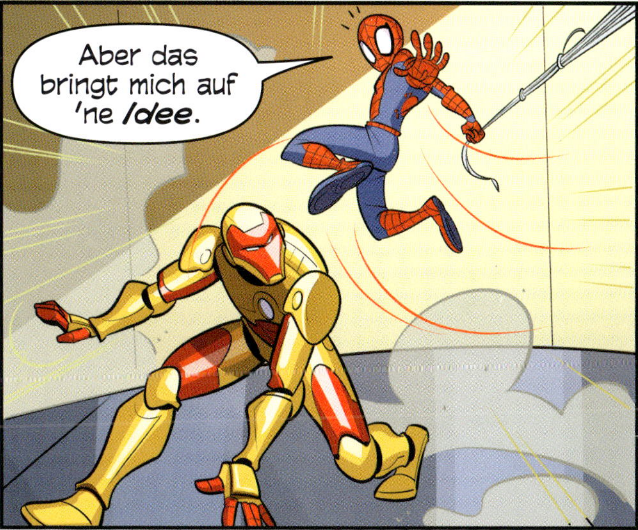
Aber das bringt mich auf 'ne Idee.

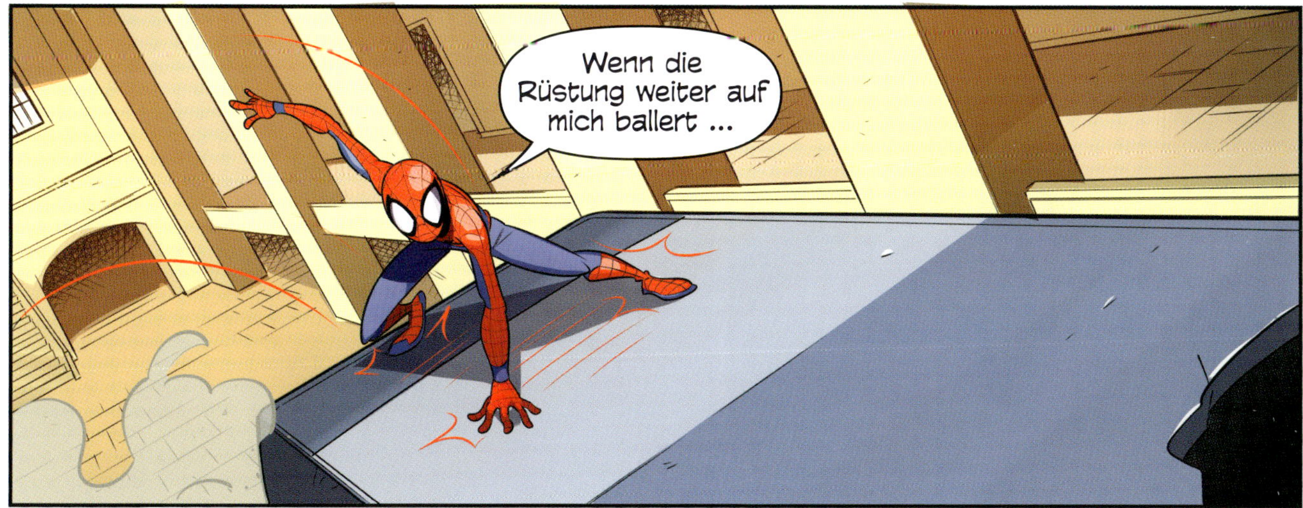
Wenn die Rüstung weiter auf mich ballert ...

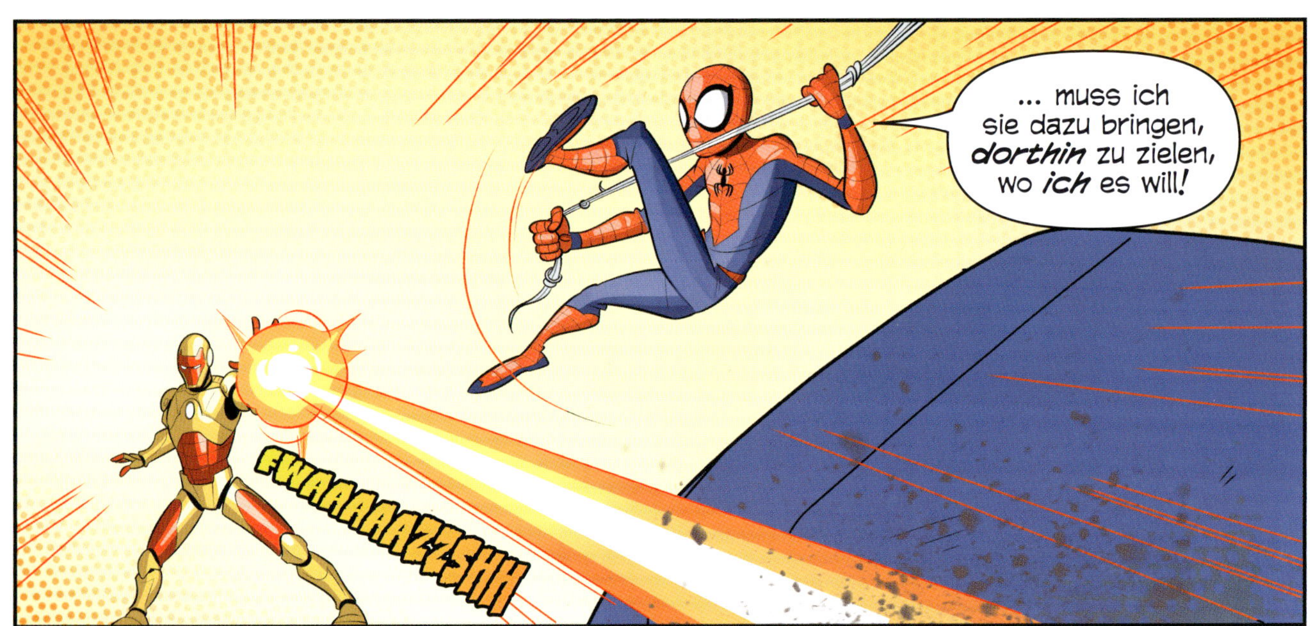
... muss ich sie dazu bringen, *dorthin* zu zielen, wo *ich* es will!
FWAAAAAAZZSHH

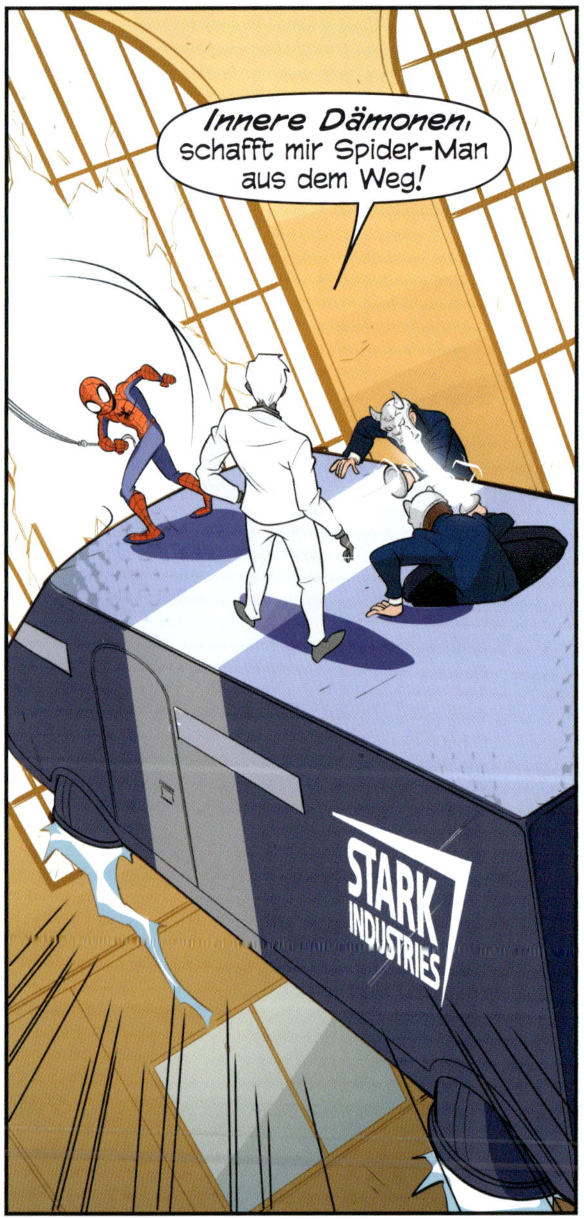
Innere Dämonen, schafft mir Spider-Man aus dem Weg!
STARK INDUSTRIES

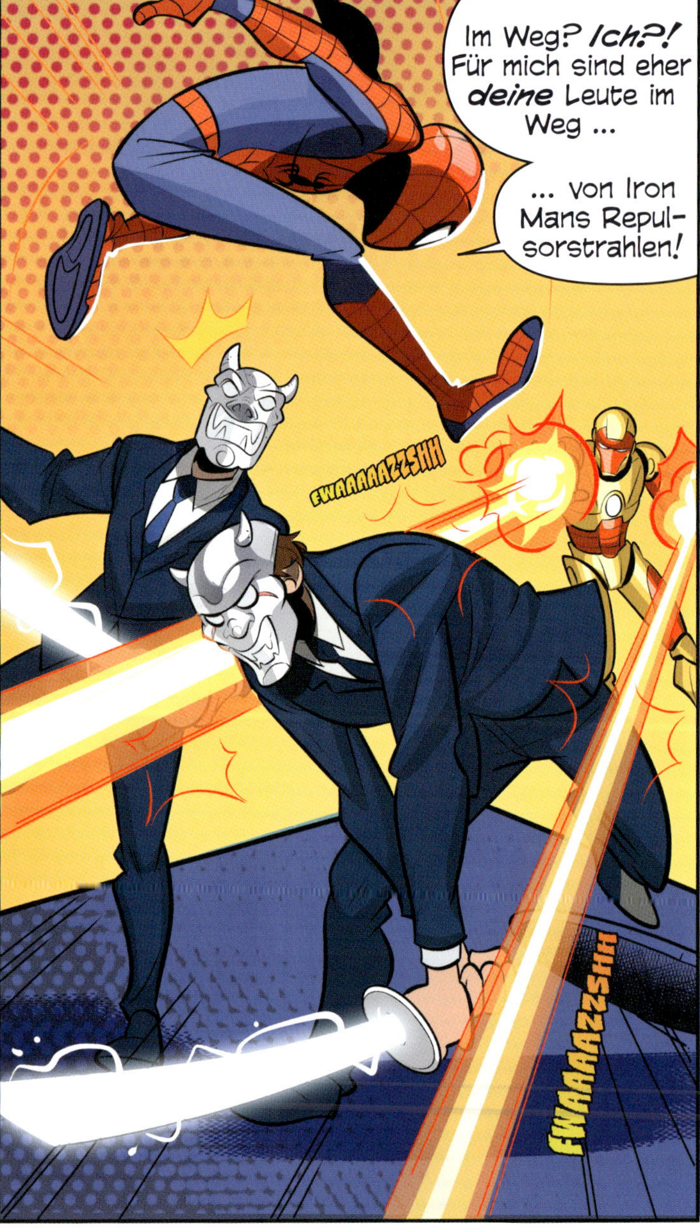
Im Weg? *Ich?!* Für mich sind eher *deine* Leute im Weg ...
... von Iron Mans Repulsorstrahlen!
FWAAAAAZZSHH
FWAAAAAZZSHH

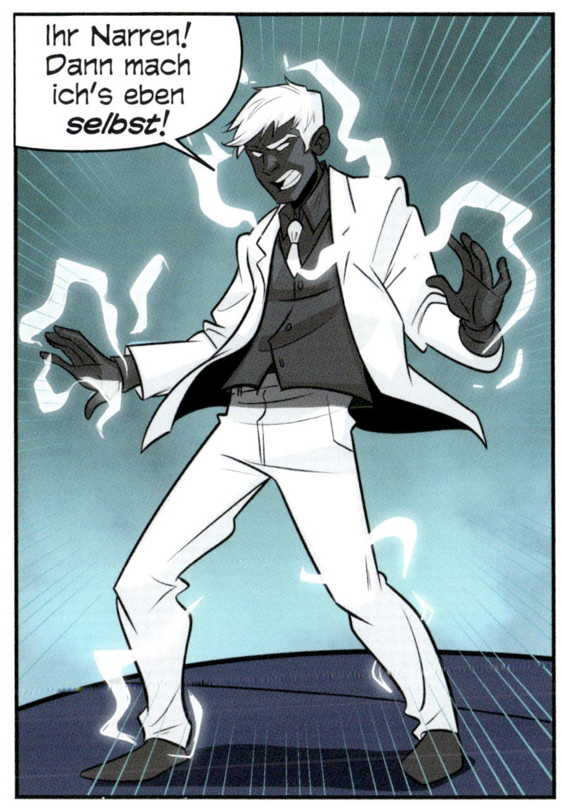
Ihr Narren! Dann mach ich's eben **selbst!**

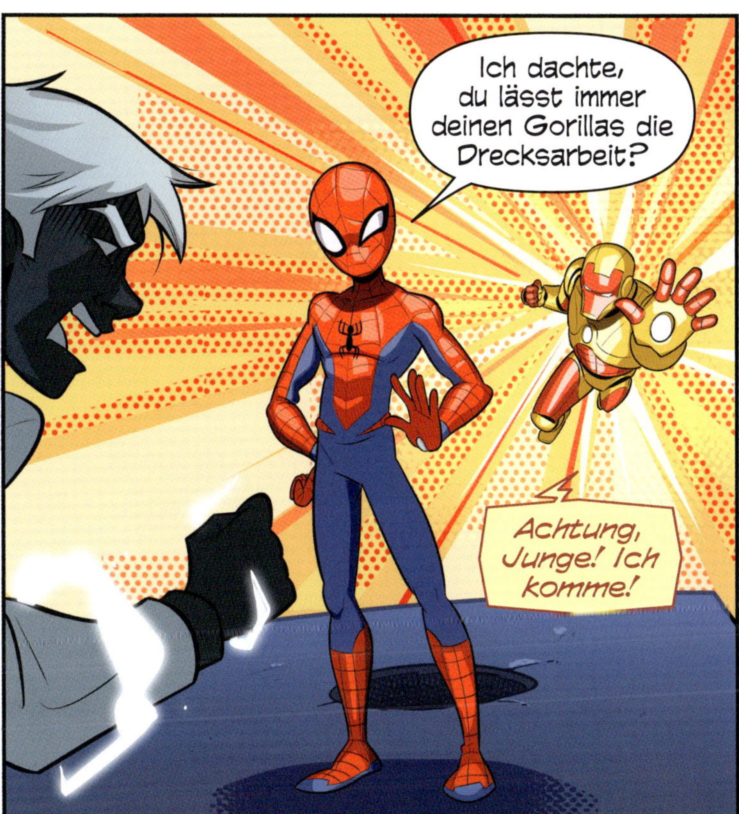
Ich dachte, du lässt immer deinen Gorillas die Drecksarbeit?
Achtung, Junge! Ich komme!

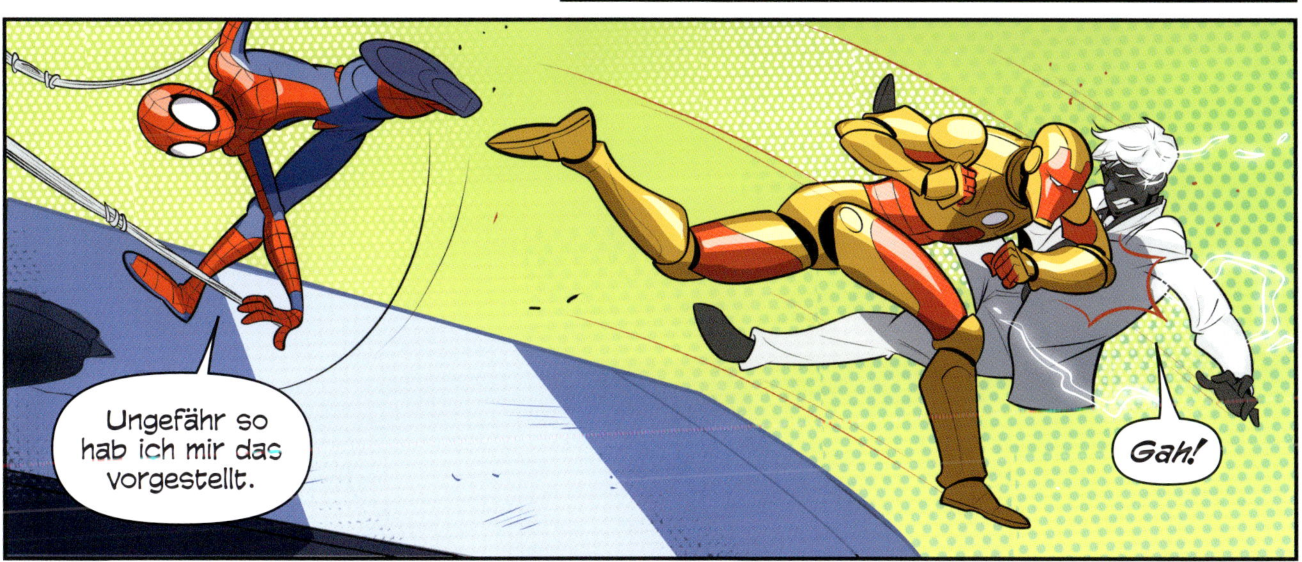
Ungefähr so hab ich mir das vorgestellt.
Gah!

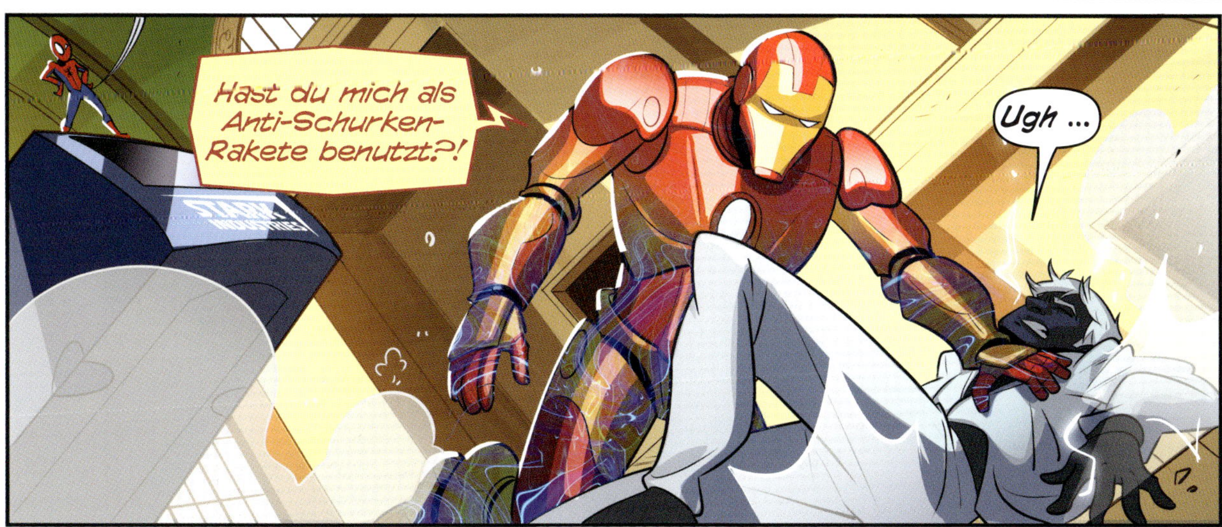
Hast du mich als Anti-Schurken-Rakete benutzt?!
Ugh ...
STARK INDUSTRIES

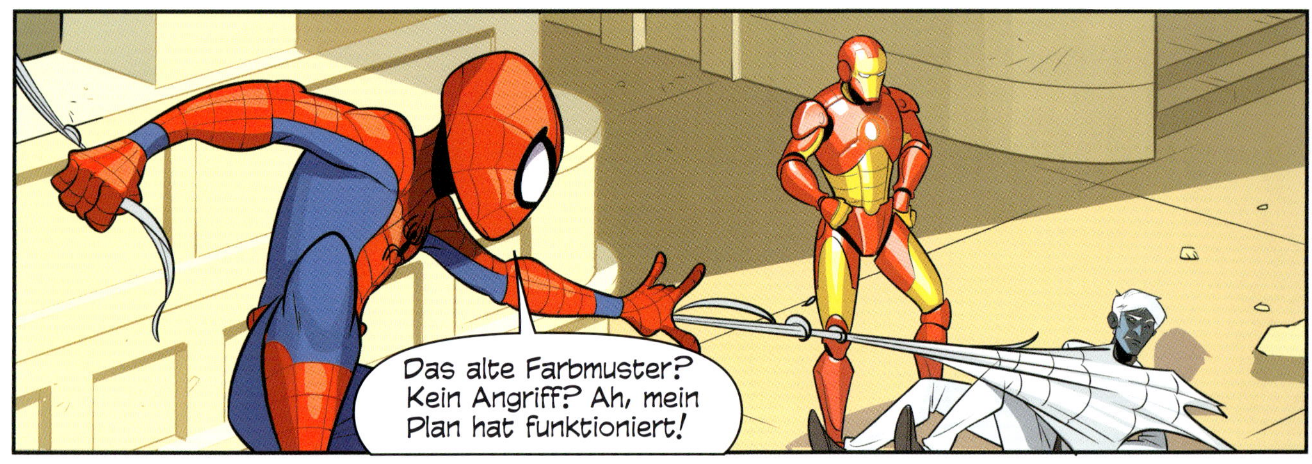
Das alte Farbmuster? Kein Angriff? Ah, mein Plan hat funktioniert!

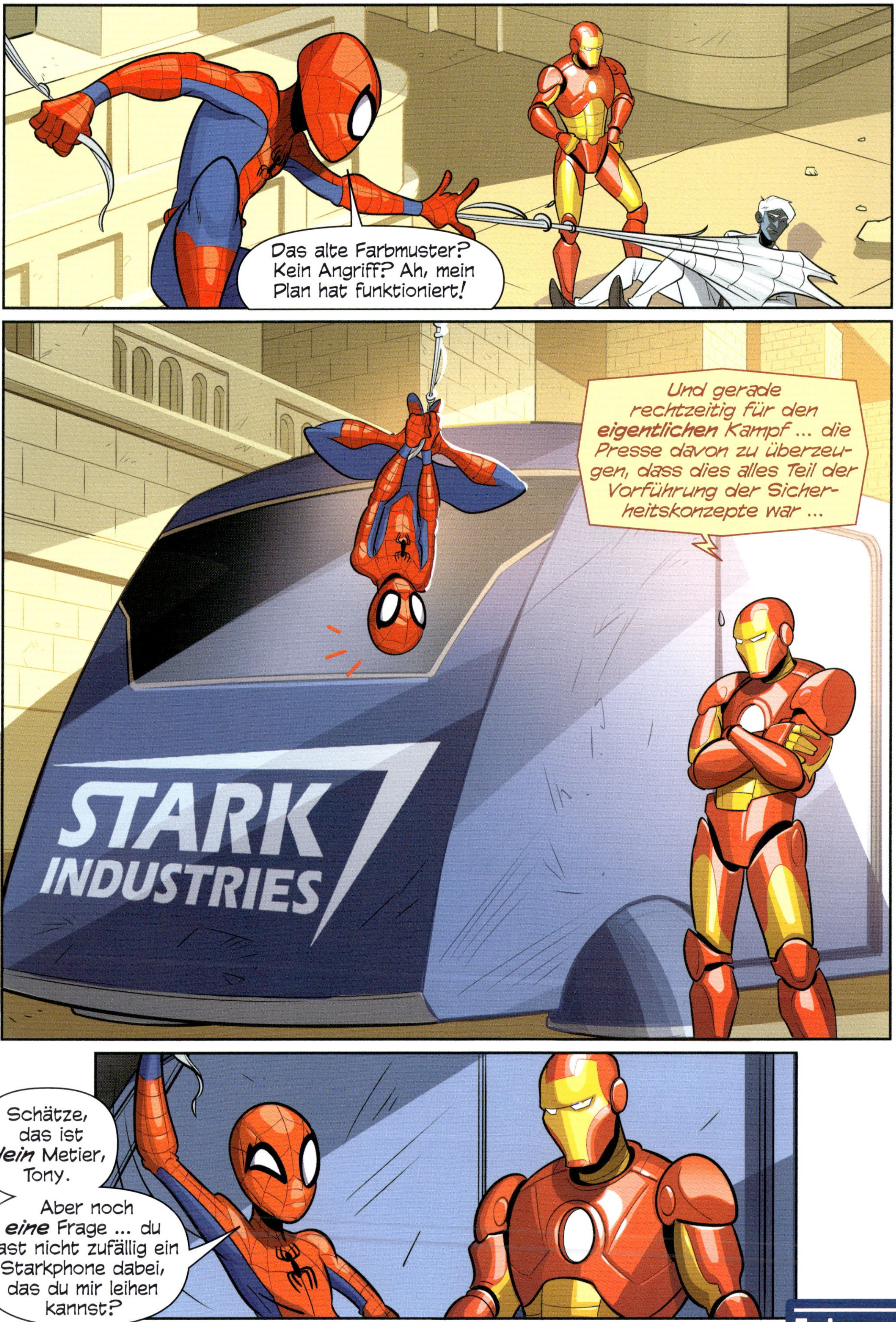

Und gerade rechtzeitig für den **eigentlichen** Kampf ... die Presse davon zu überzeugen, dass dies alles Teil der Vorführung der Sicherheitskonzepte war ...
STARK INDUSTRIES

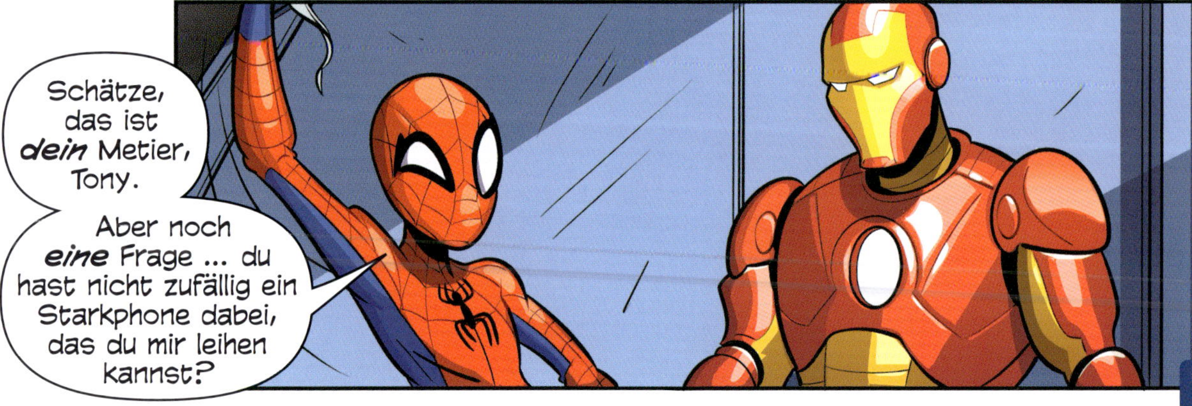
Schätze, das ist ***dein*** Metier, Tony.
Aber noch ***eine*** Frage ... du hast nicht zufällig ein Starkphone dabei, das du mir leihen kannst?

Ende

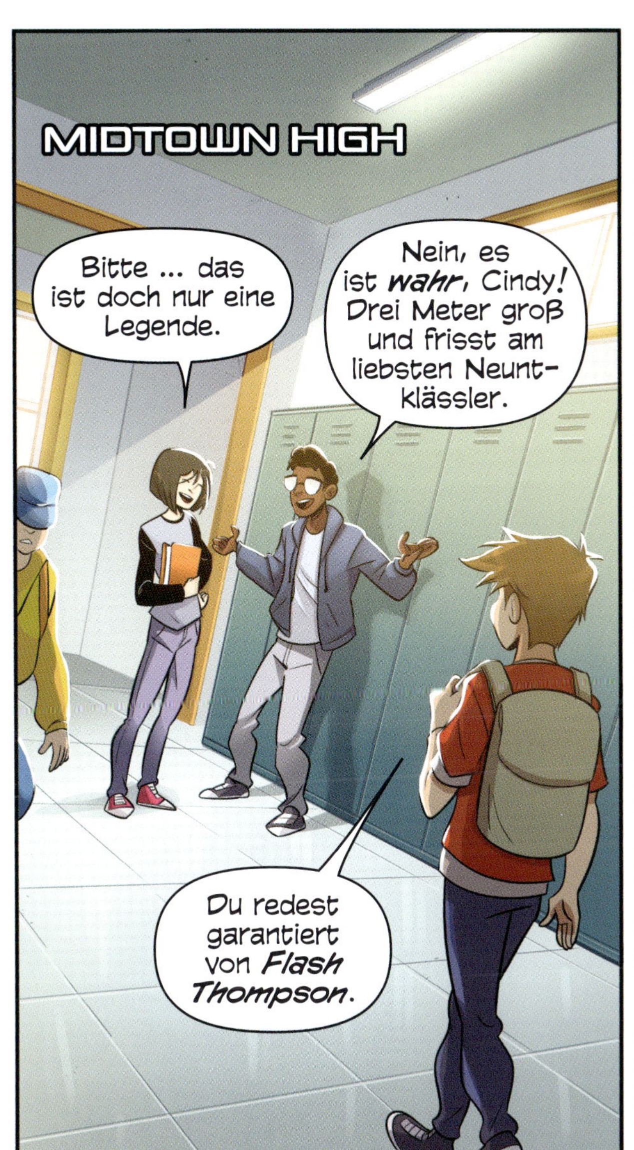
MIDTOWN HIGH
Bitte ... das ist doch nur eine Legende.
Nein, es ist *wahr*, Cindy! Drei Meter groß und frisst am liebsten Neuntklässler.
Du redest garantiert von *Flash Thompson*.

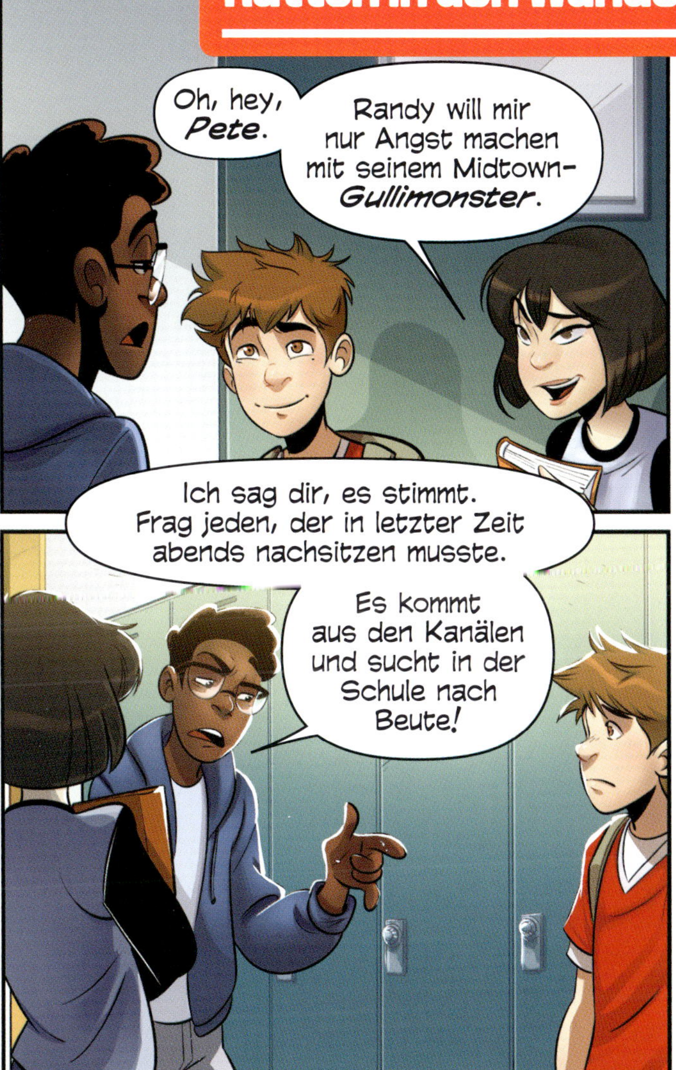
Oh, hey, *Pete*.
Randy will mir nur Angst machen mit seinem Midtown-*Gullimonster*.
Ich sag dir, es stimmt. Frag jeden, der in letzter Zeit abends nachsitzen musste.
Es kommt aus den Kanälen und sucht in der Schule nach Beute!

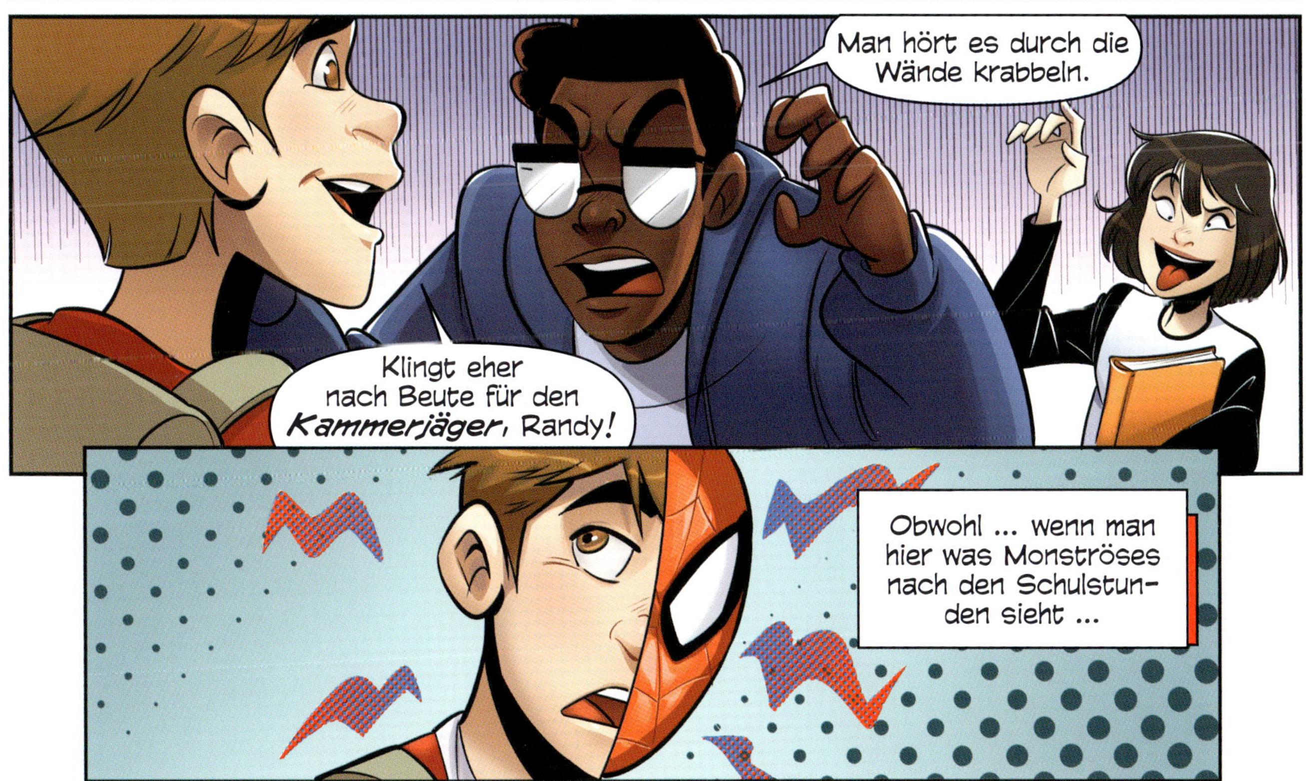
Man hört es durch die Wände krabbeln.
Klingt eher nach Beute für den *Kammerjäger*, Randy!
Obwohl ... wenn man hier was Monströses nach den Schulstunden sieht ...

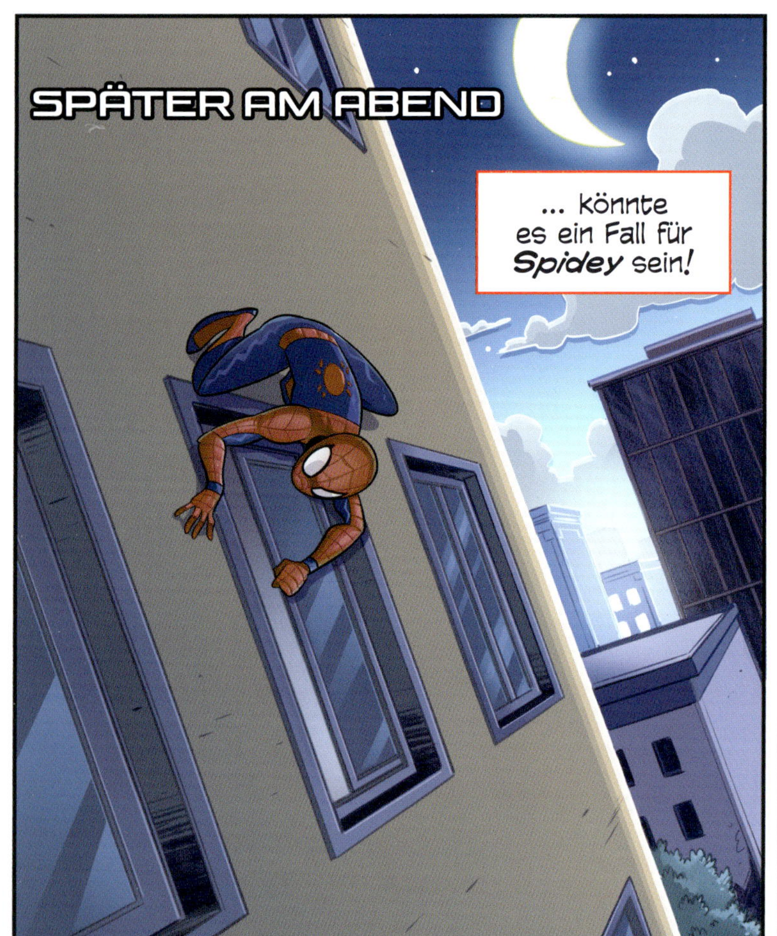
SPÄTER AM ABEND
... könnte es ein Fall für *Spidey* sein!

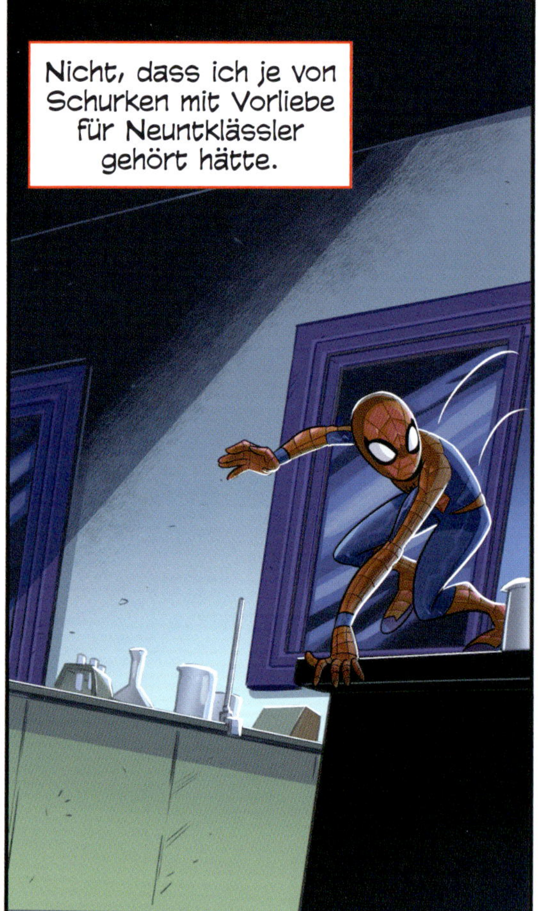
Nicht, dass ich je von Schurken mit Vorliebe für Neuntklässler gehört hätte.

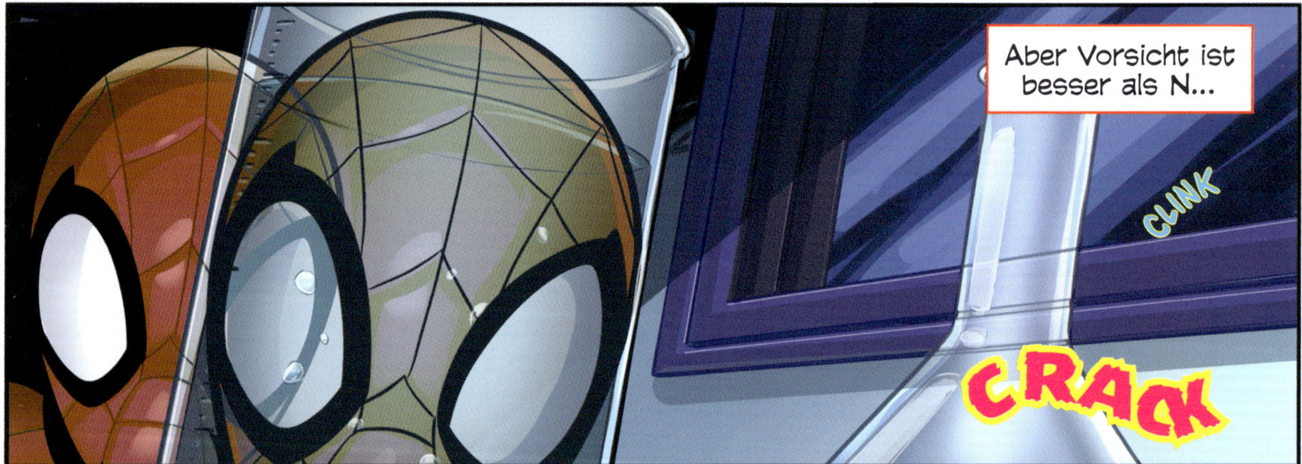
Aber Vorsicht ist besser als N...
CLINK
CRACK

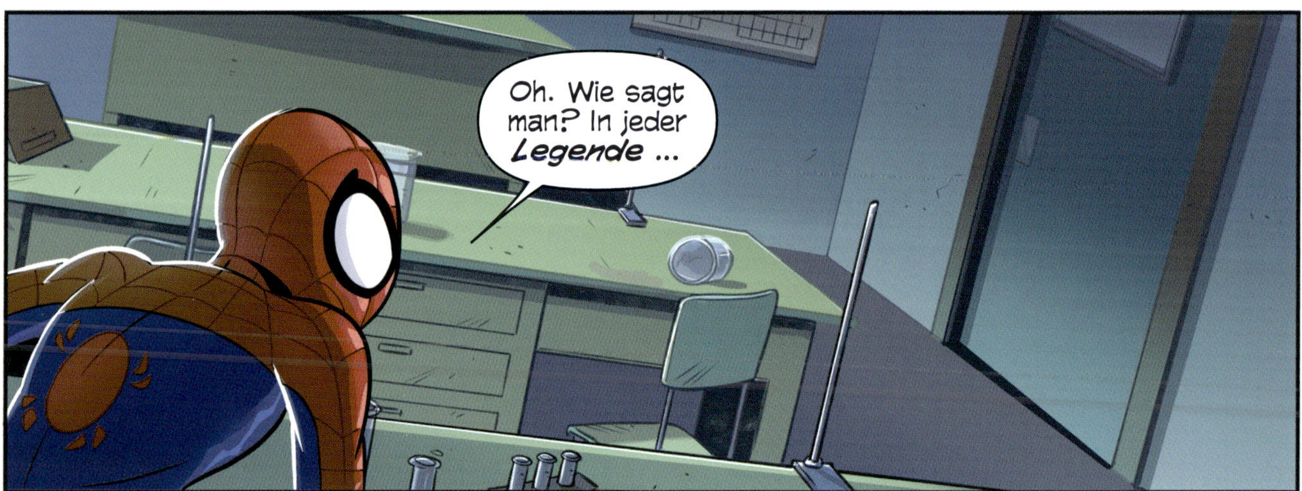
Oh. Wie sagt man? In jeder *Legende* ...

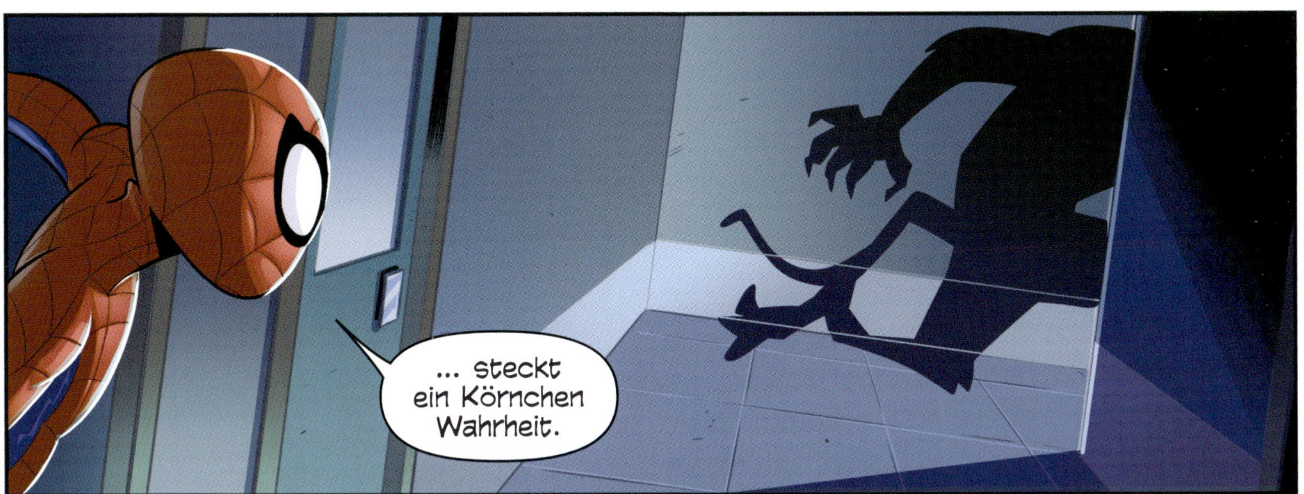
... steckt ein Körnchen Wahrheit.

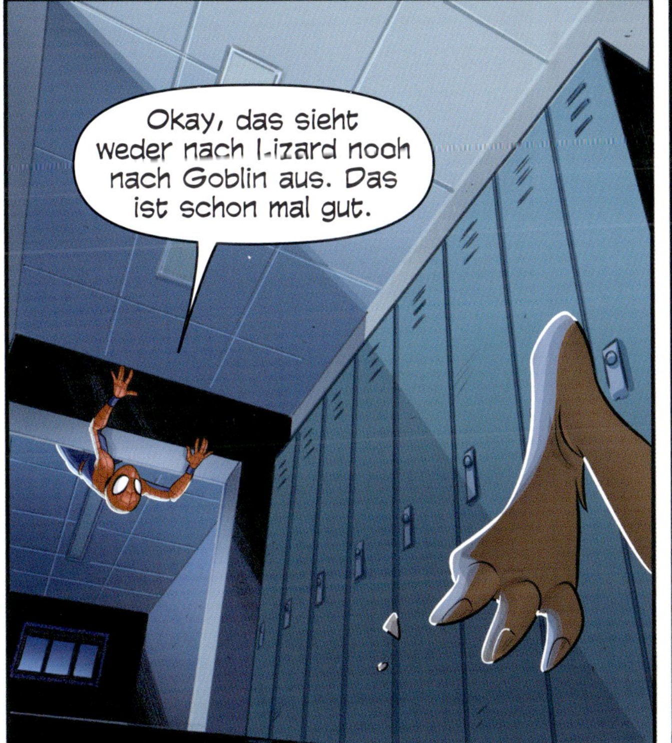
Okay, das sieht weder nach Lizard noch nach Goblin aus. Das ist schon mal gut.

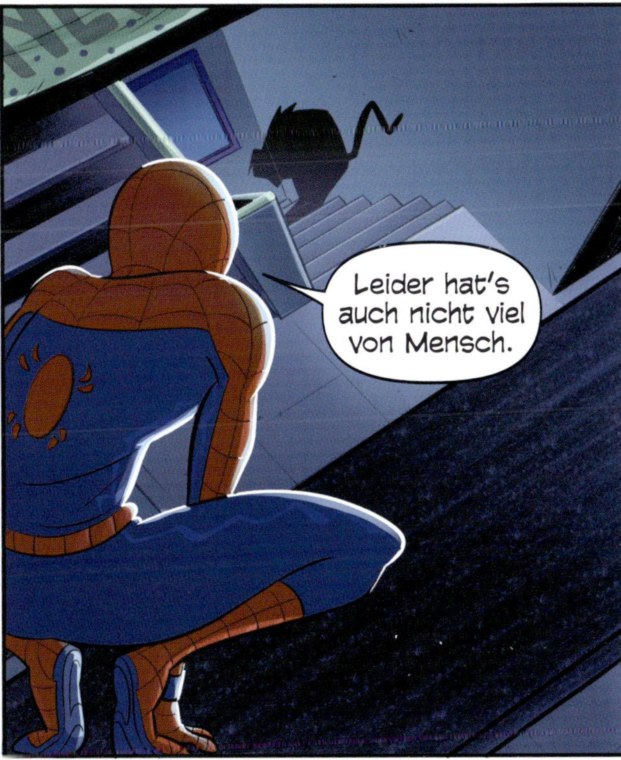
Leider hat's auch nicht viel von Mensch.

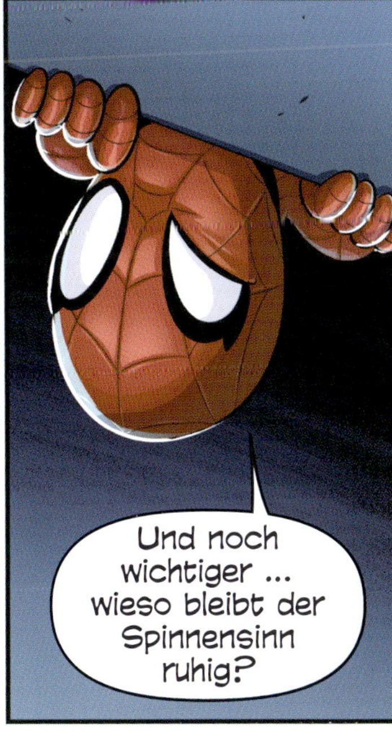
Und noch wichtiger ... wieso bleibt der Spinnensinn ruhig?

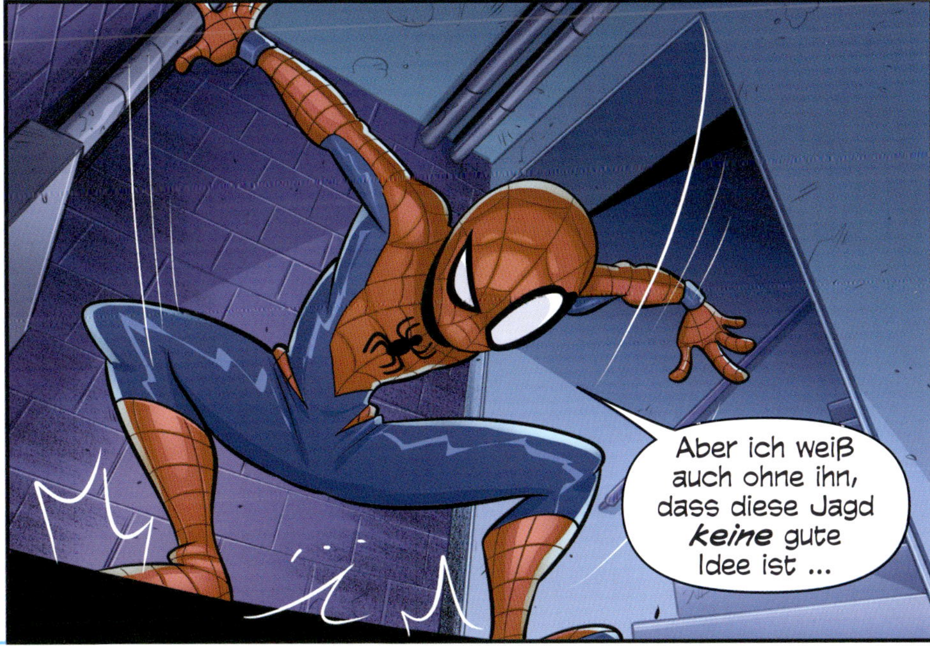
Aber ich weiß auch ohne ihn, dass diese Jagd *keine* gute Idee ist ...

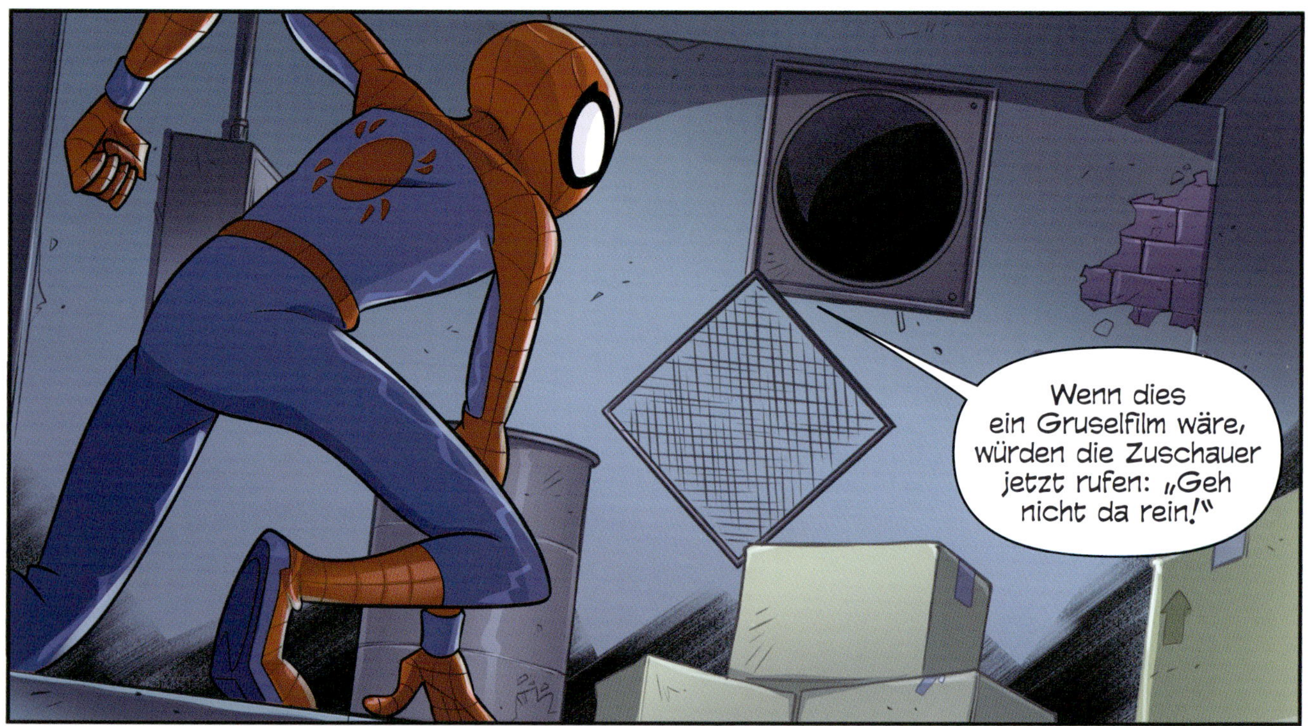
Wenn dies ein Gruselfilm wäre, würden die Zuschauer jetzt rufen: „Geh nicht da rein!"

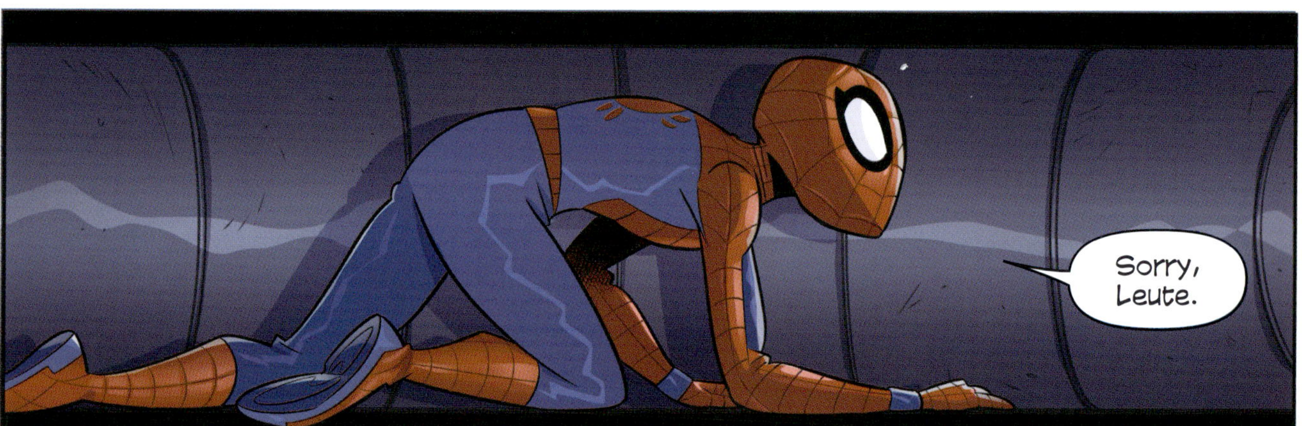
Sorry, Leute.

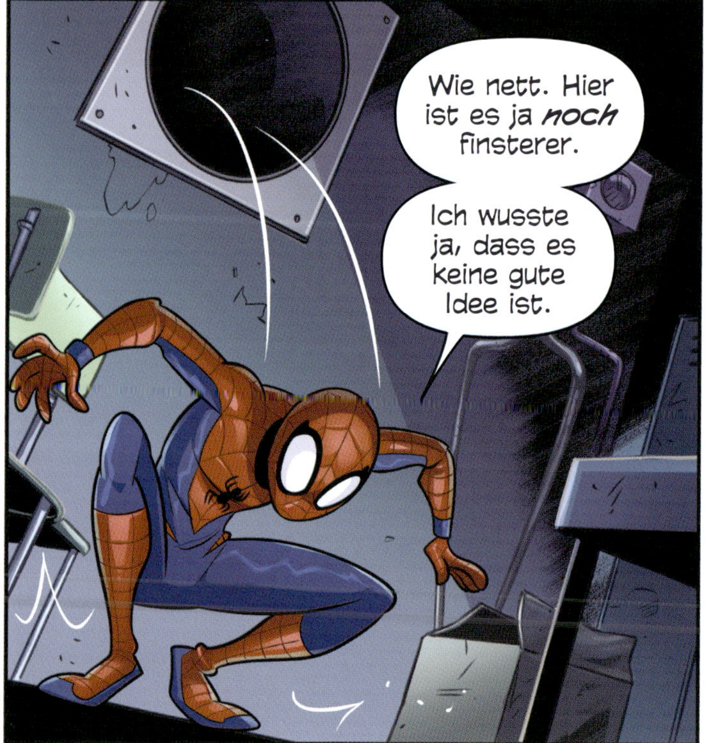
Wie nett. Hier ist es ja *noch* finsterer.
Ich wusste ja, dass es keine gute Idee ist.

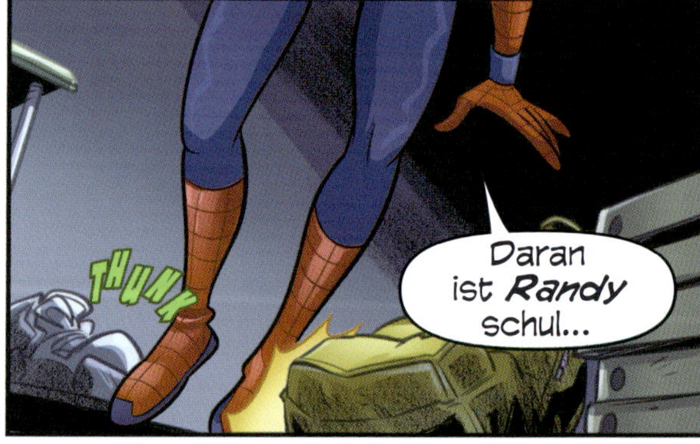
THUNK
Daran ist *Randy* schul...

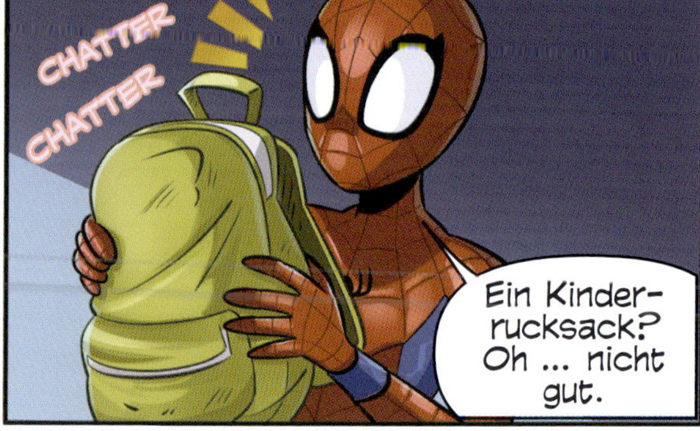
CHATTER
CHATTER
Ein Kinderrucksack? Oh ... nicht gut.

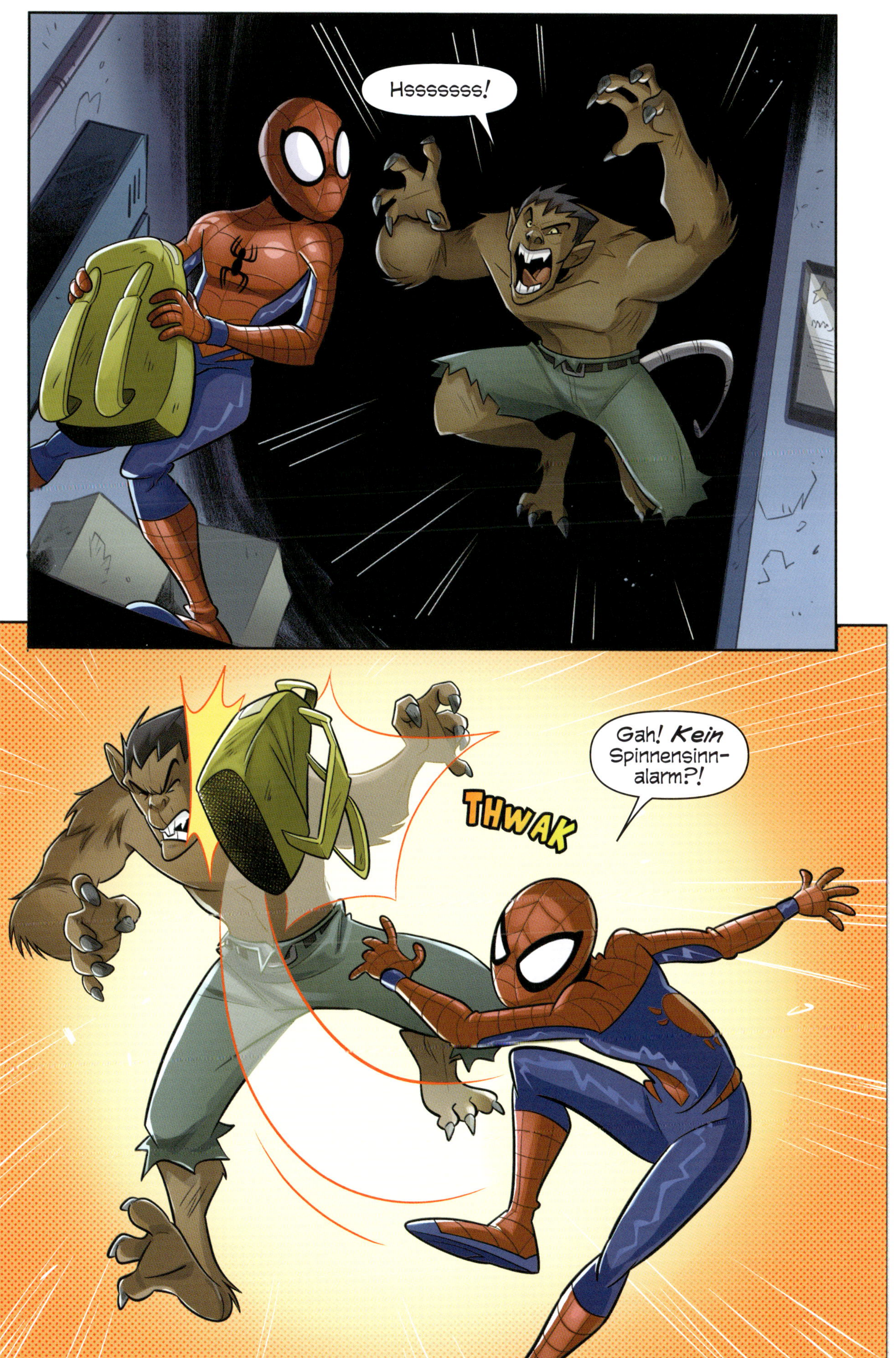
Hsssssss!
Gah! Kein Spinnensinn-alarm?!
THWAK

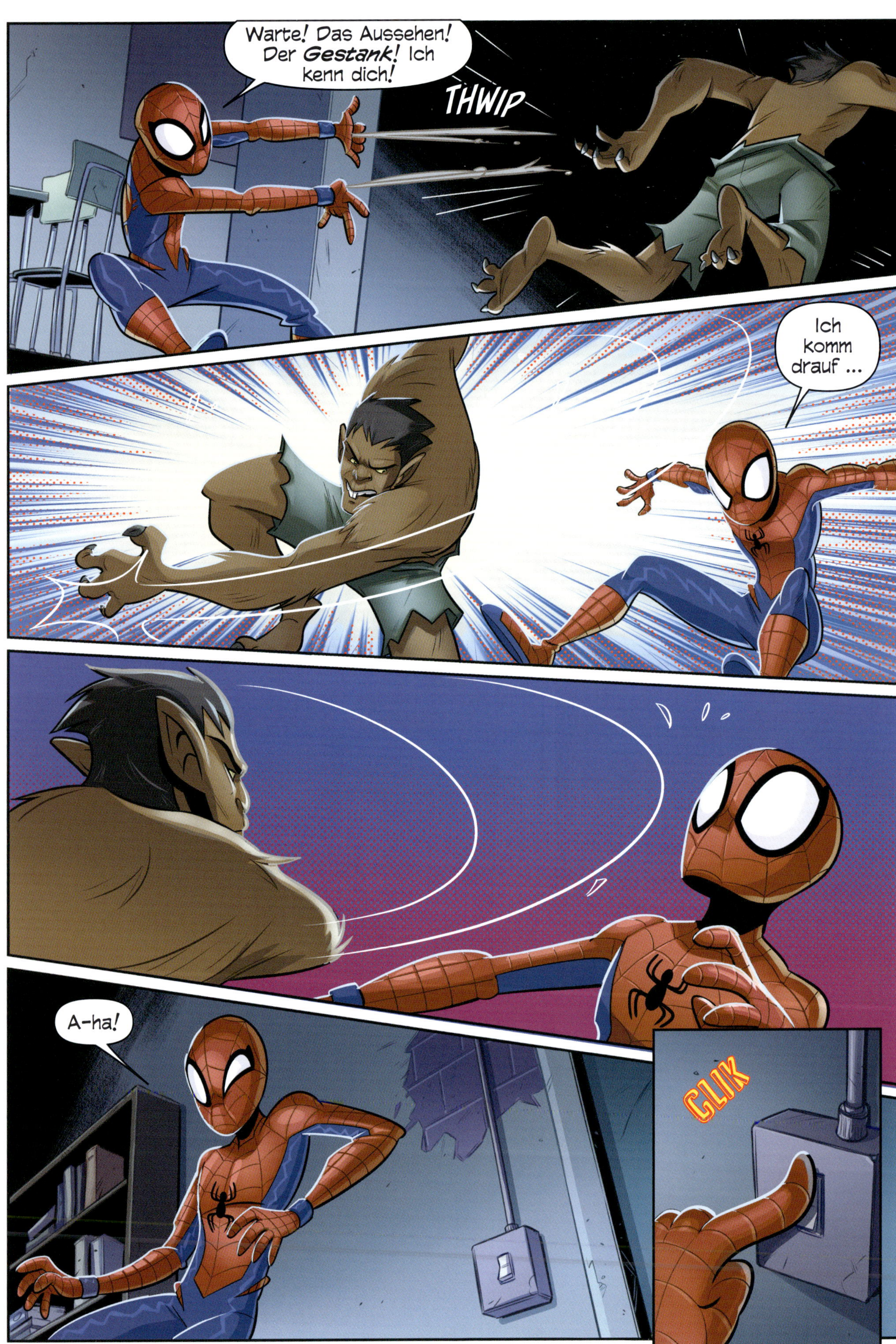
Warte! Das Aussehen! Der Gestank! Ich kenn dich!
THWIP
Ich komm drauf ...
A-ha!
CLIK

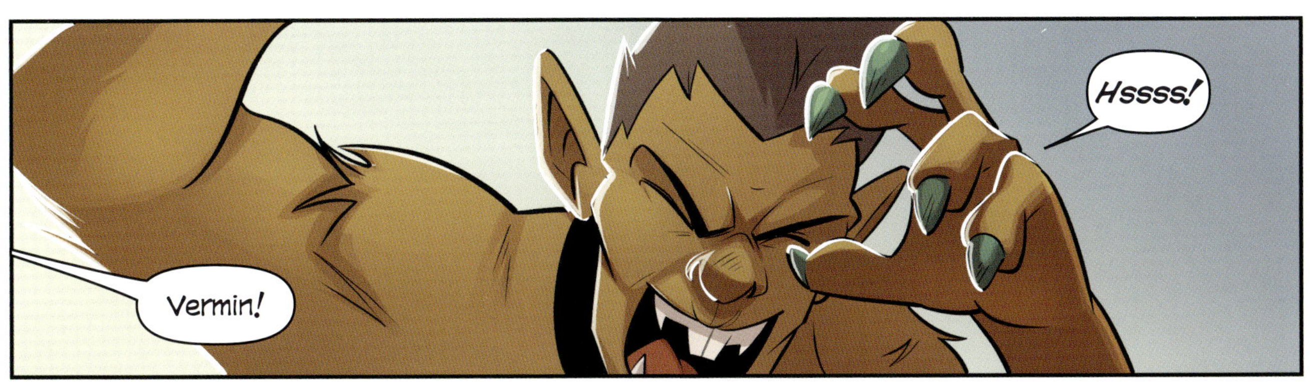

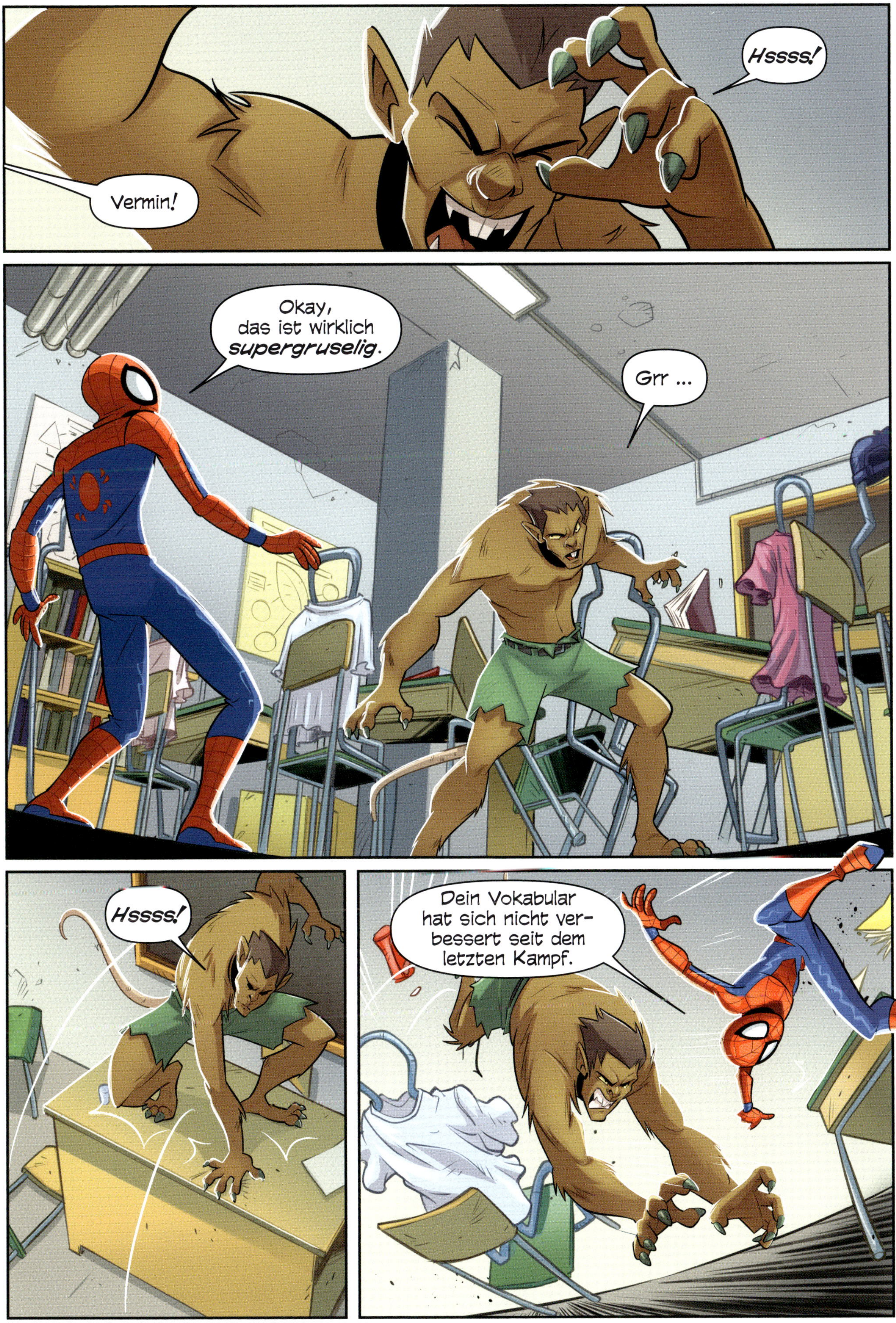

Okay, das ist wirklich *supergruselig*.

Grr ...

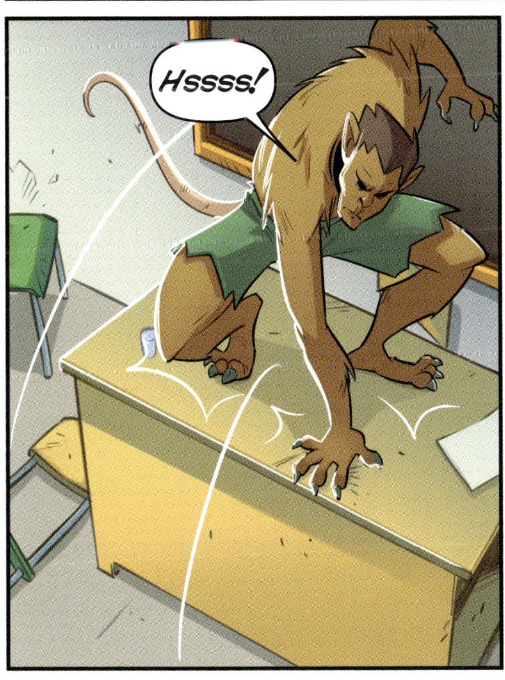

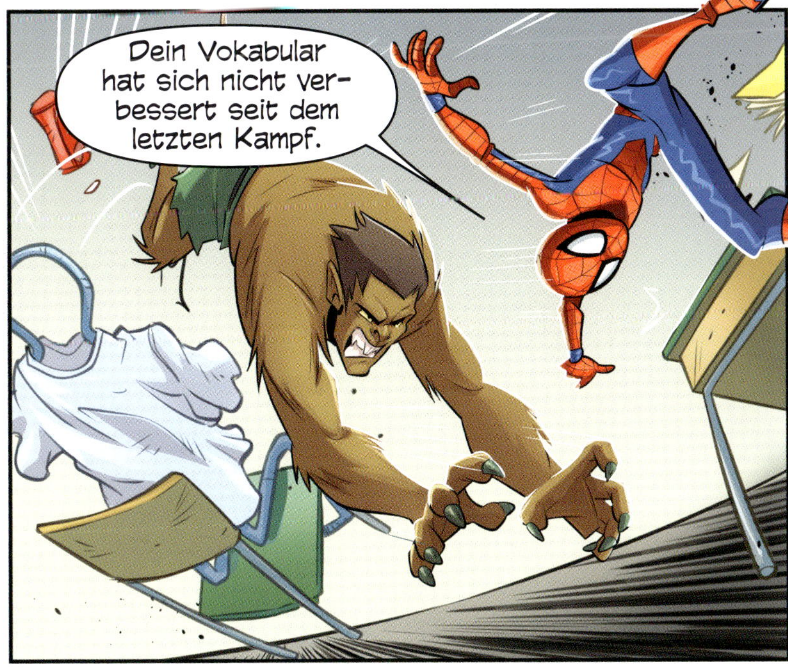

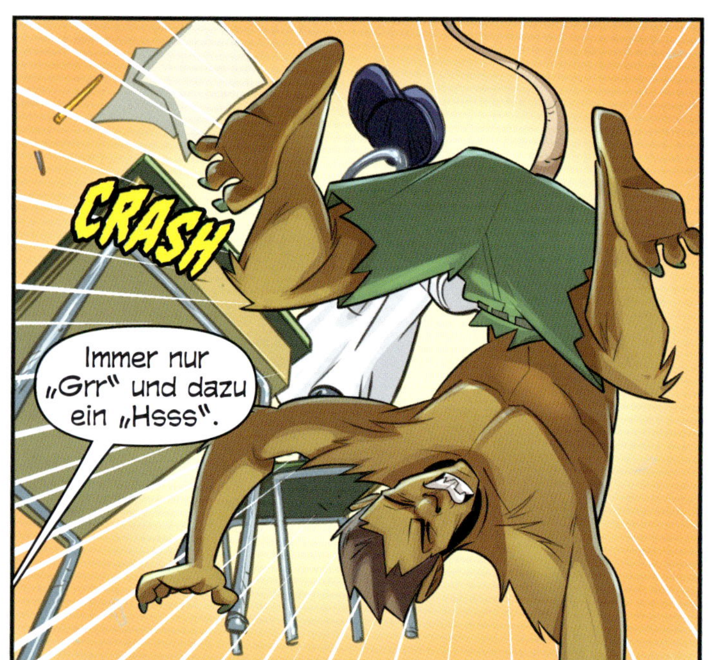
CRASH
Immer nur „Grr" und dazu ein „Hsss".

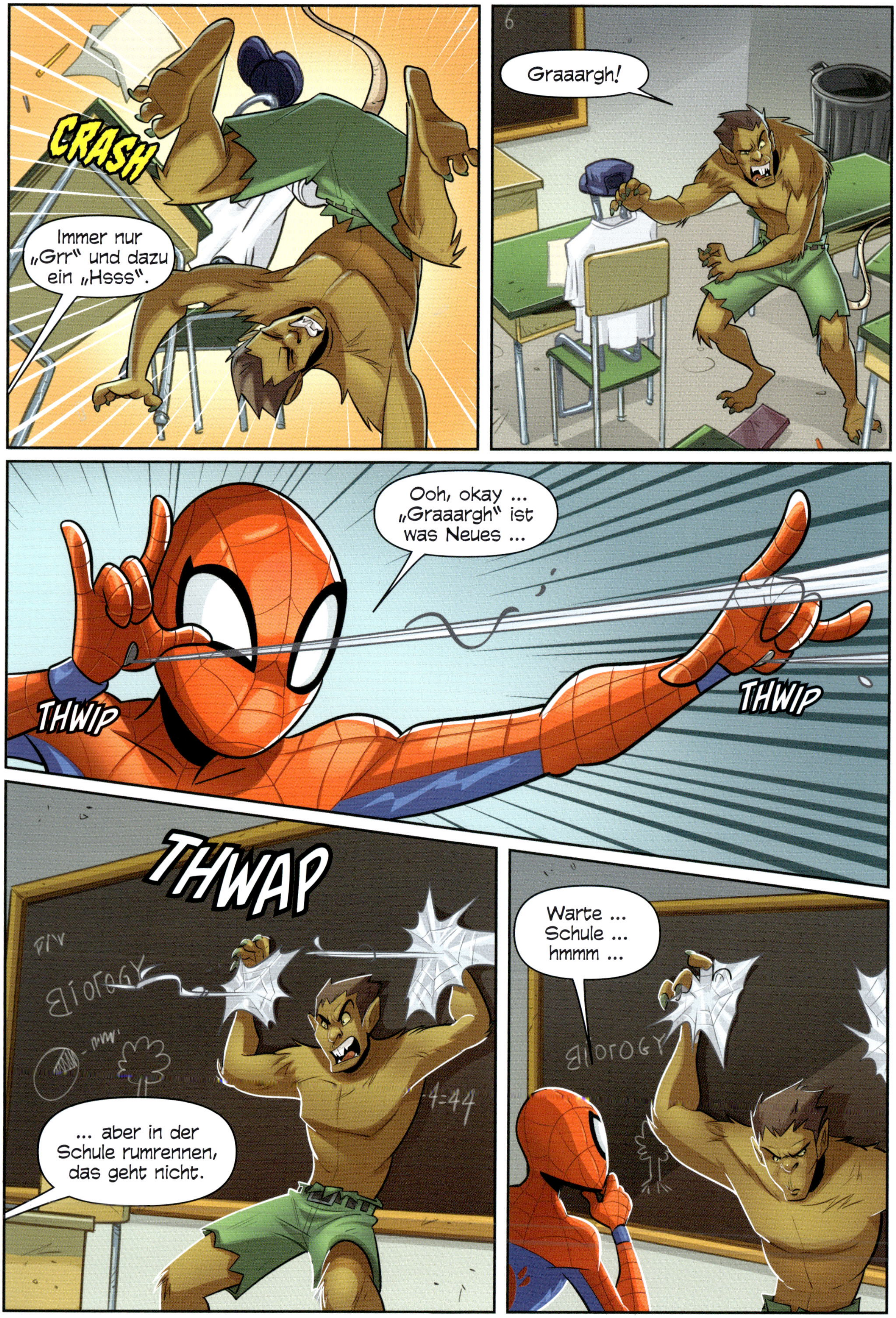

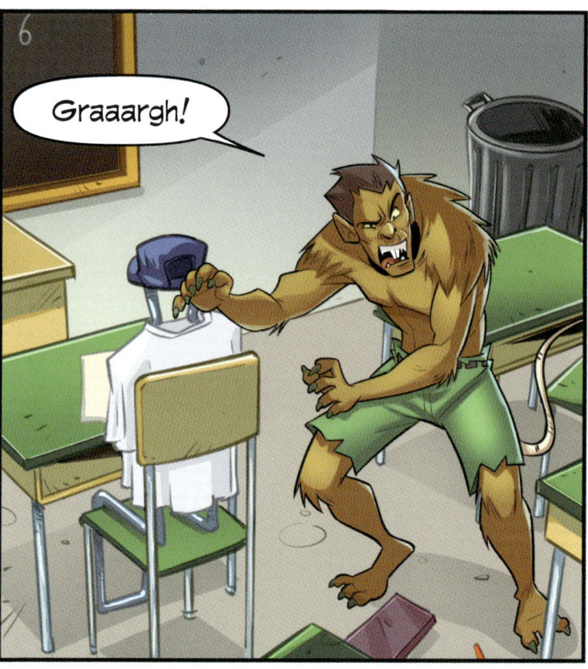
Graaargh!

Ooh, okay ... „Graaargh" ist was Neues ...
THWIP
THWIP

THWAP
... aber in der Schule rumrennen, das geht nicht.

Warte ... Schule ... hmmm ...

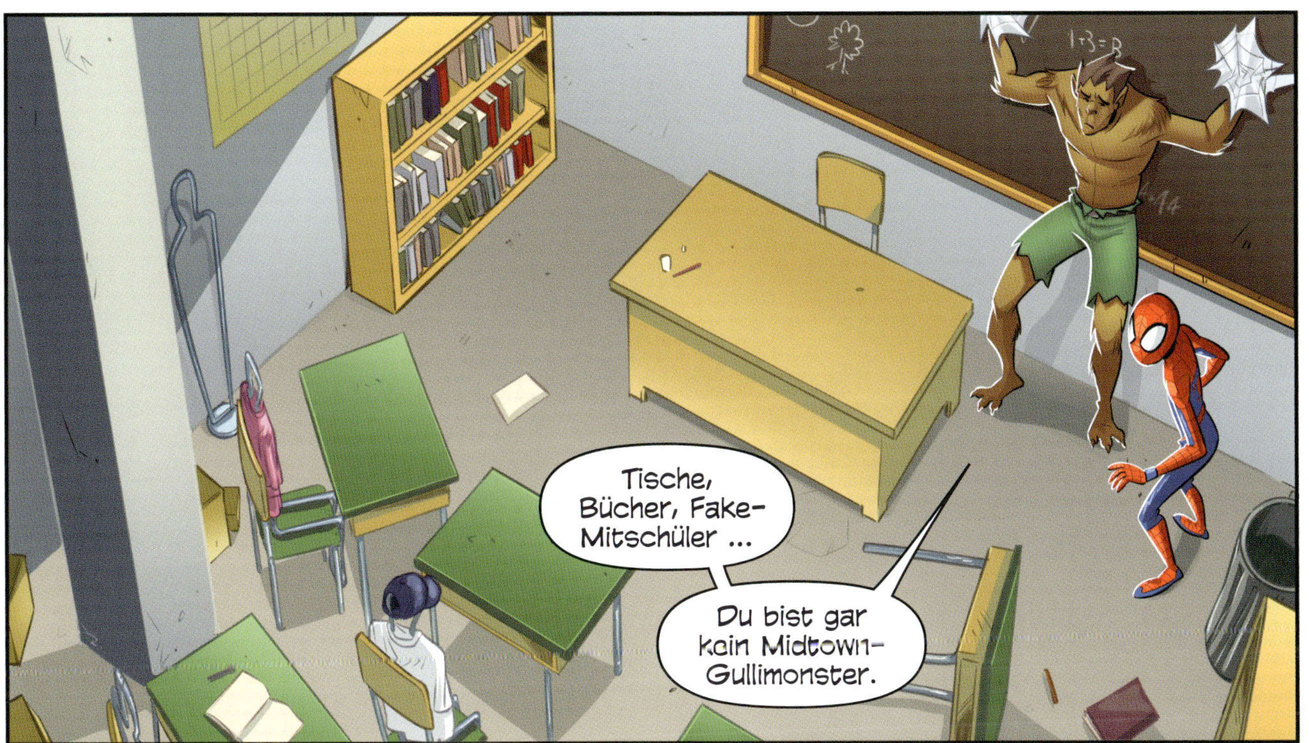
Tische, Bücher, Fake-Mitschüler ...
Du bist gar kein Midtown-Gullimonster.

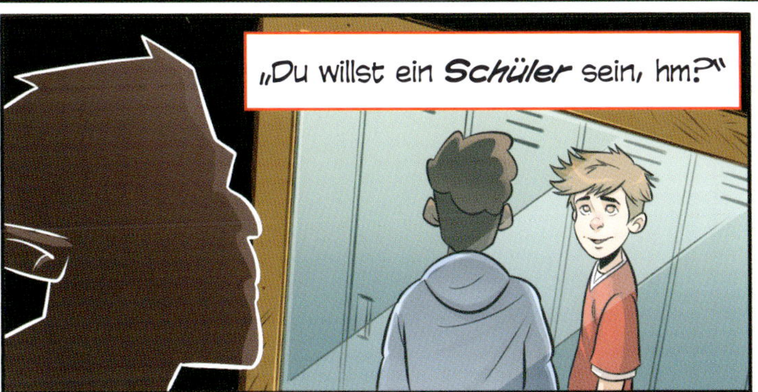
„Du willst ein *Schüler* sein, hm?"

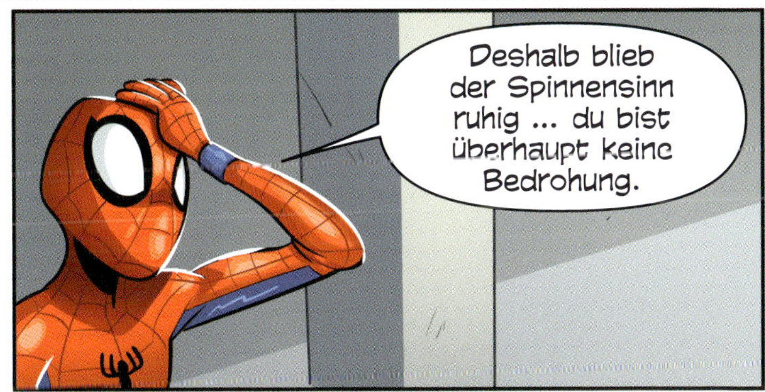
Deshalb blieb der Spinnensinn ruhig ... du bist überhaupt keine Bedrohung.

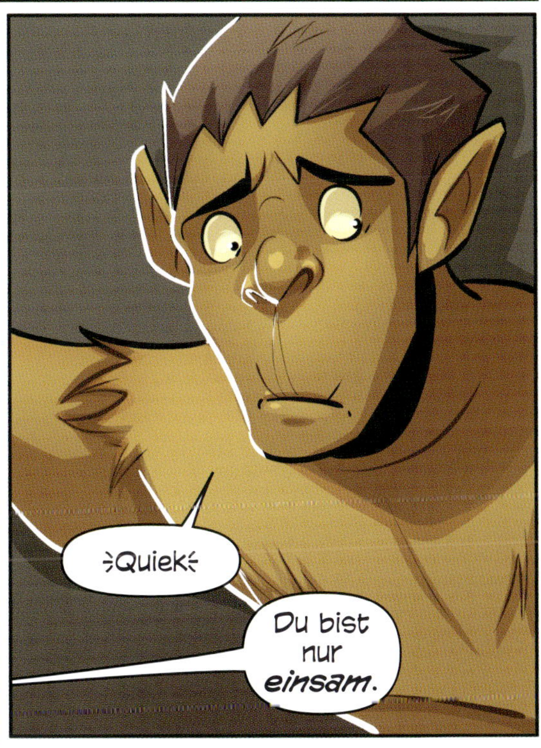
Quiek
Du bist nur *einsam*.

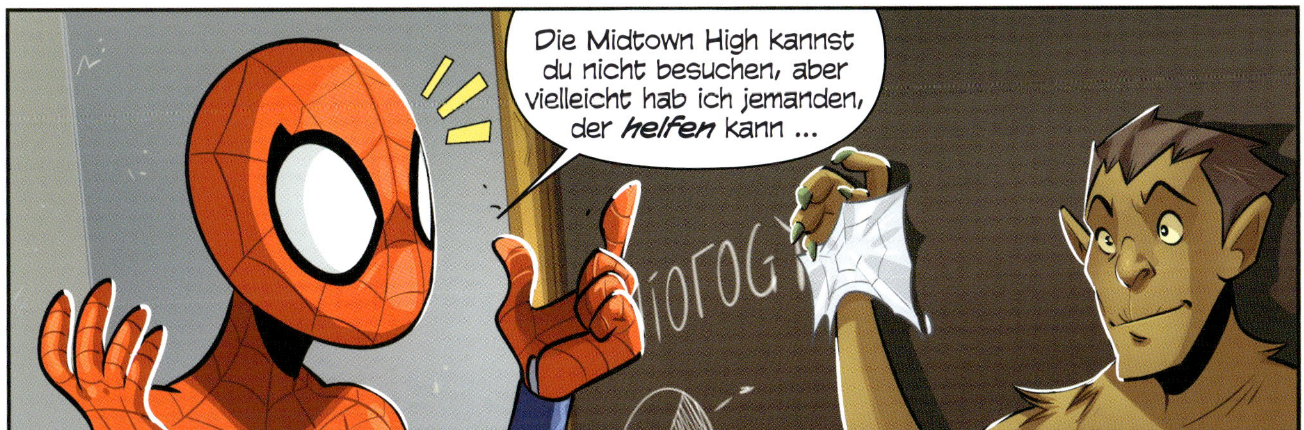
Die Midtown High kannst du nicht besuchen, aber vielleicht hab ich jemanden, der *helfen* kann ...

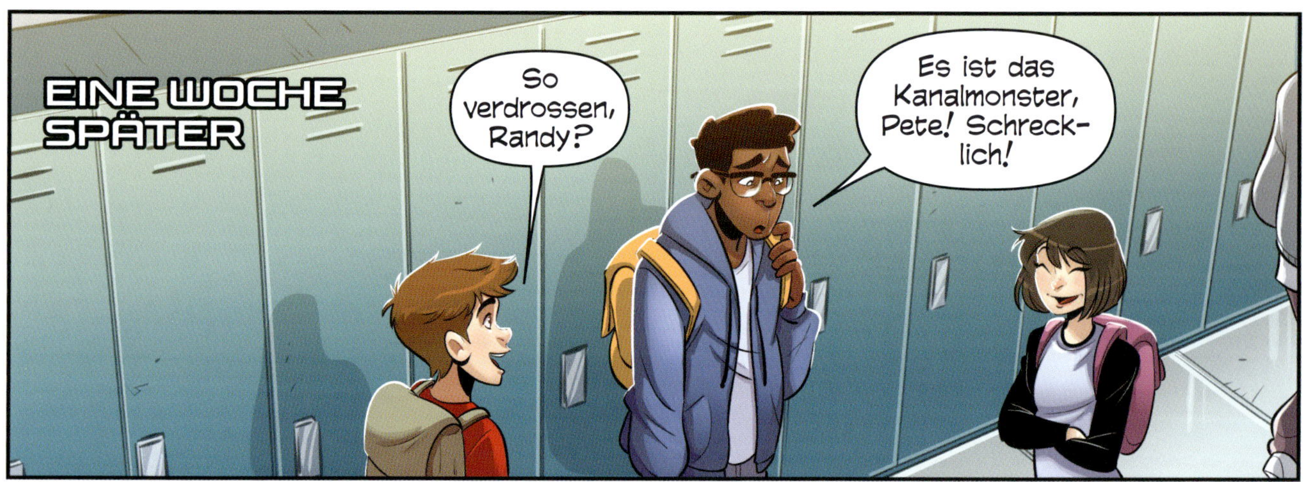
EINE WOCHE SPÄTER
So verdrossen, Randy?
Es ist das Kanalmonster, Pete! Schreck-lich!

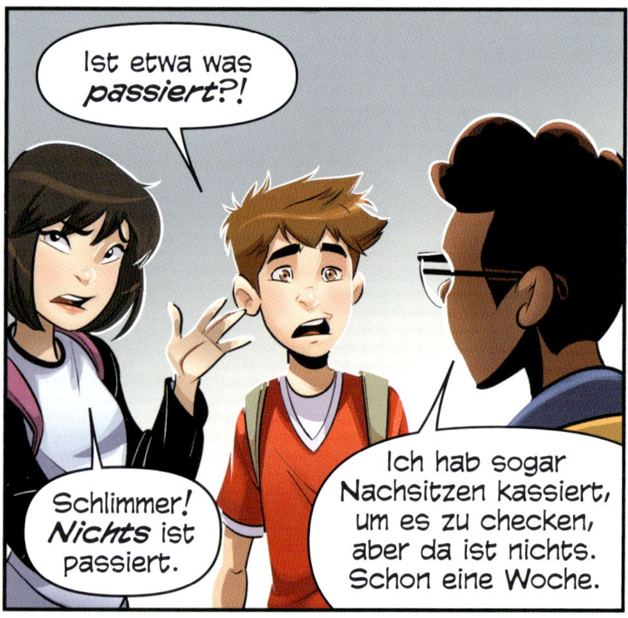
Ist etwa was *passiert*?!
Schlimmer! *Nichts* ist passiert.
Ich hab sogar Nachsitzen kassiert, um es zu checken, aber da ist nichts. Schon eine Woche.

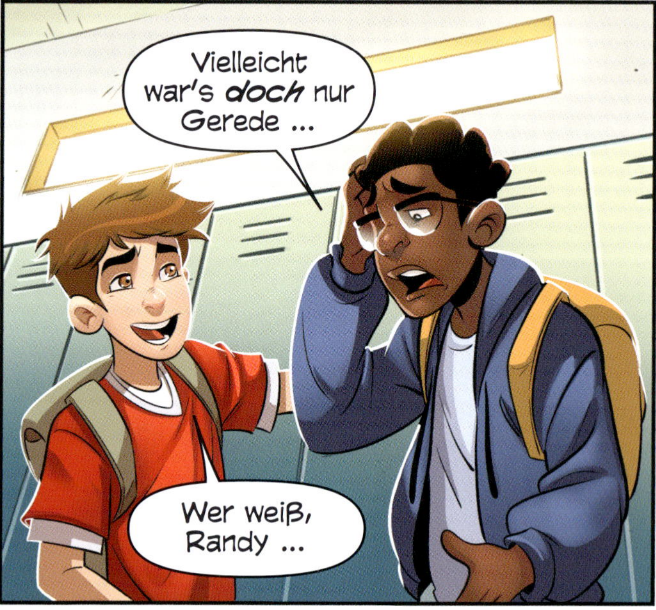
Vielleicht war's *doch* nur Gerede ...
Wer weiß, Randy ...

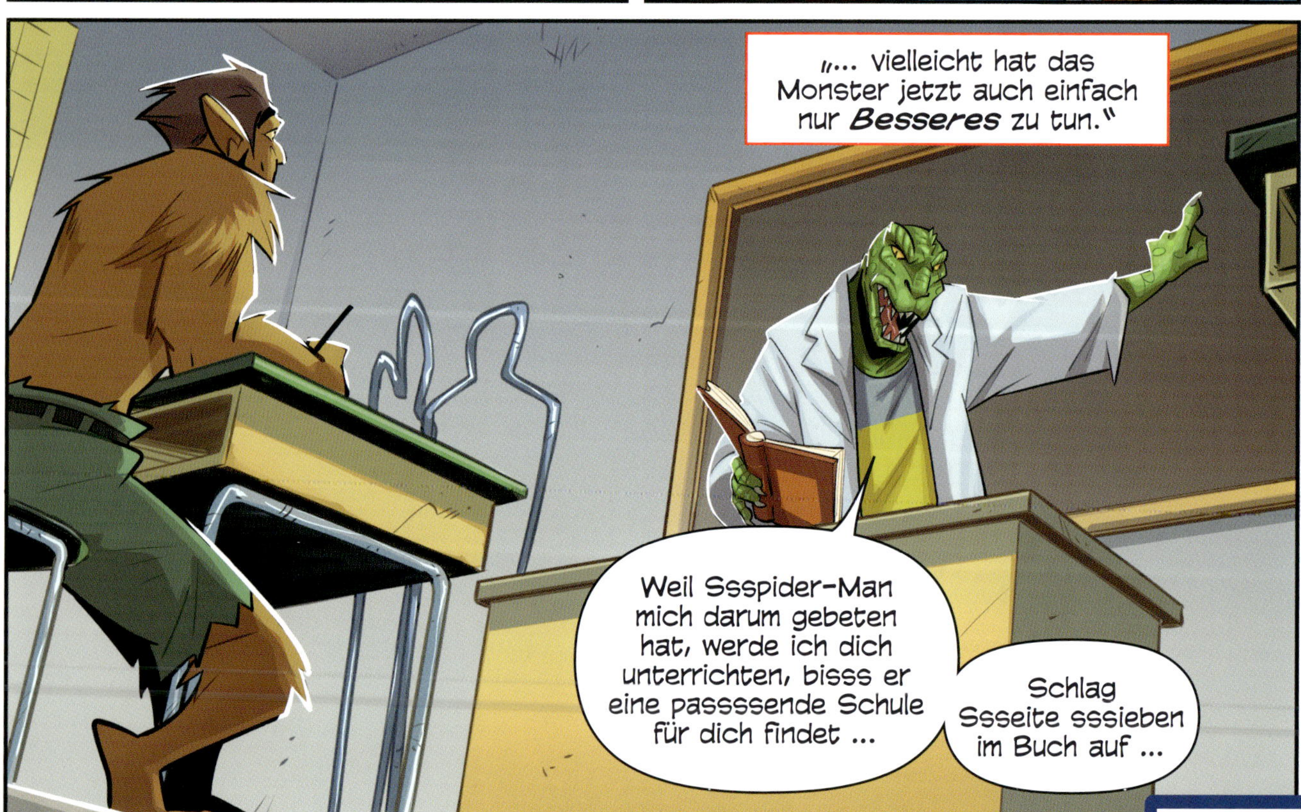
„... vielleicht hat das Monster jetzt auch einfach nur *Besseres* zu tun."
Weil Ssspider-Man mich darum gebeten hat, werde ich dich unterrichten, bisss er eine passssende Schule für dich findet ...
Schlag Ssseite ssieben im Buch auf ...

Ende

Wolkig mit Aussicht auf Zerstörungen

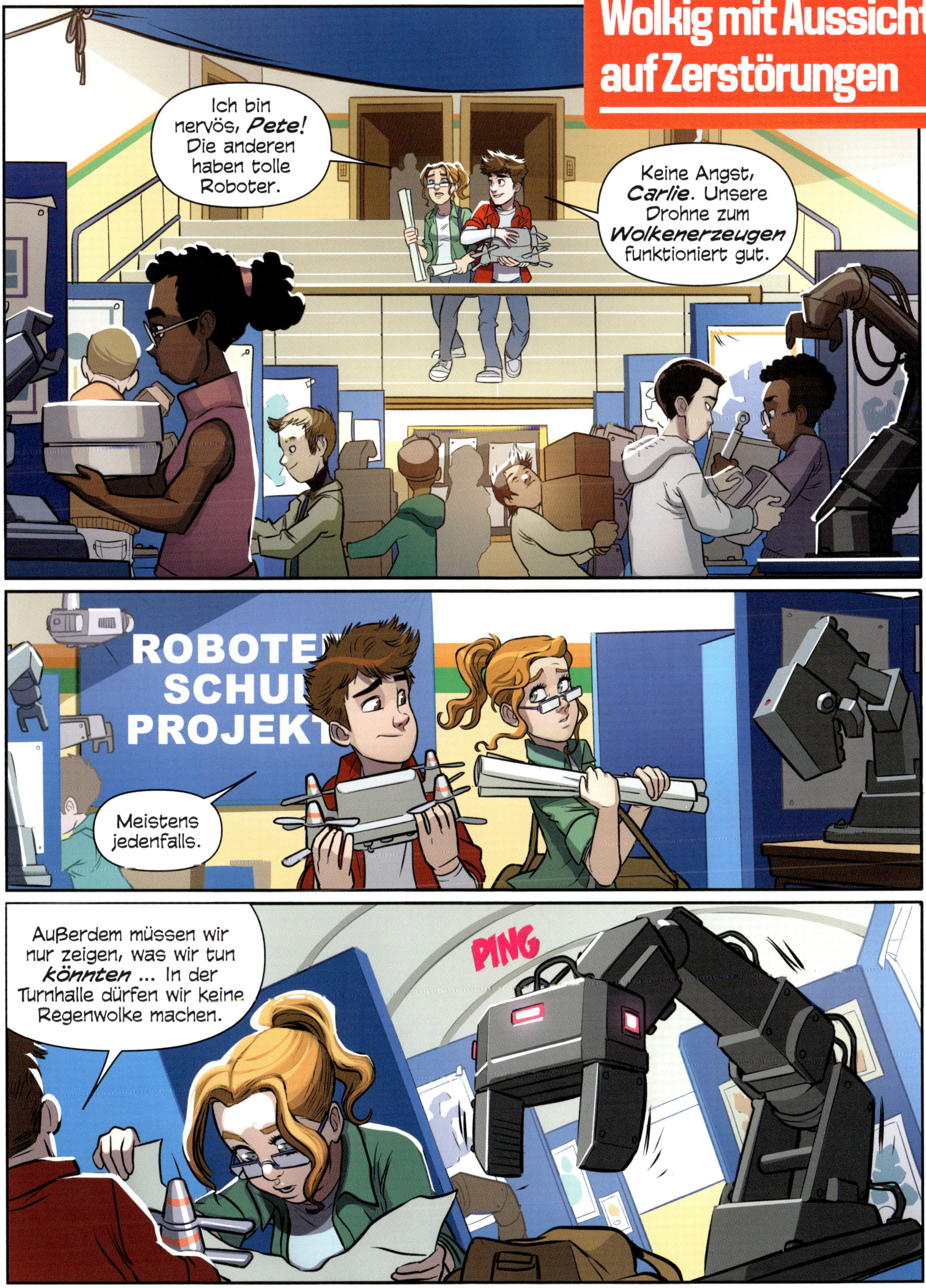

Ich bin nervös, ***Pete!*** Die anderen haben tolle Roboter.

Keine Angst, ***Carlie***. Unsere Drohne zum ***Wolkenerzeugen*** funktioniert gut.

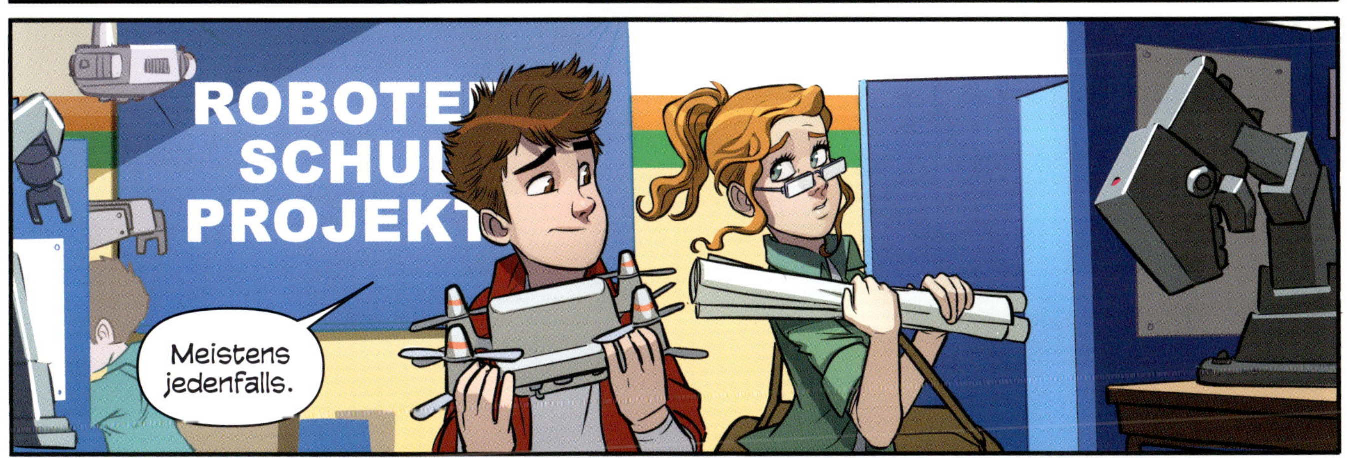

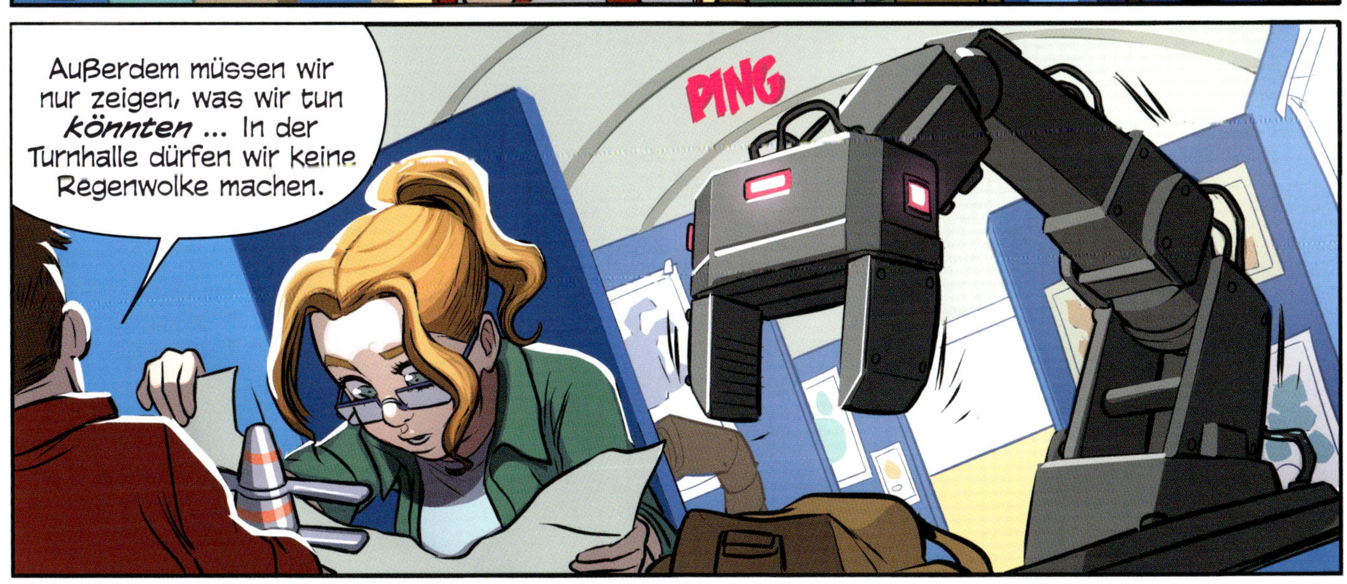

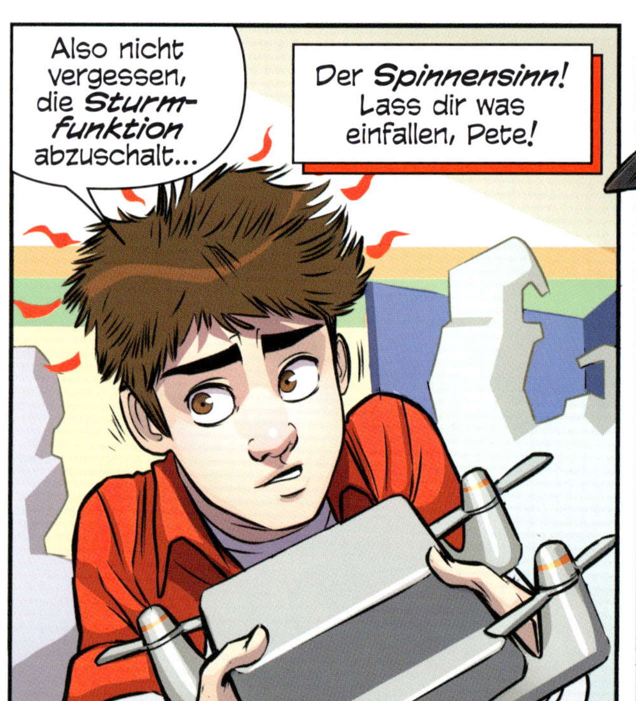
Also nicht vergessen, die Sturmfunktion abzuschalt...
Der Spinnensinn! Lass dir was einfallen, Pete!

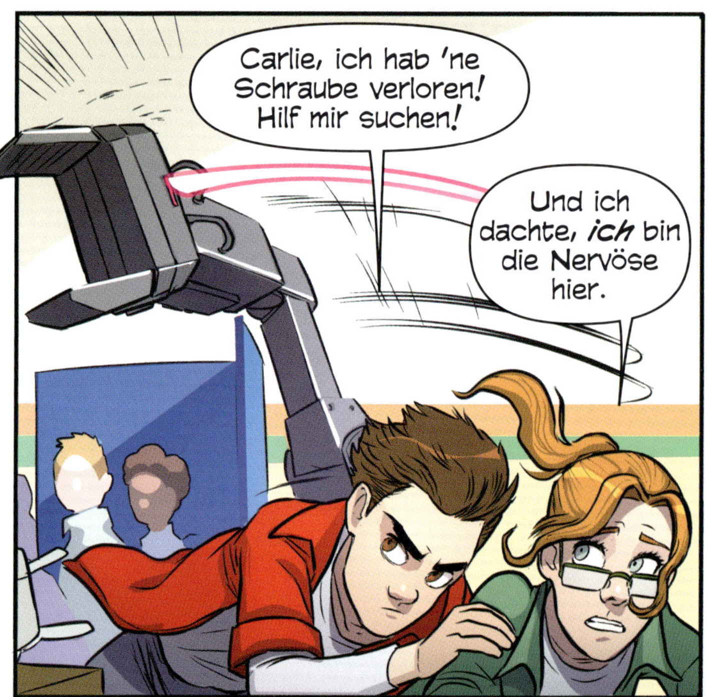
Carlie, ich hab 'ne Schraube verloren! Hilf mir suchen!
Und ich dachte, ich bin die Nervöse hier.

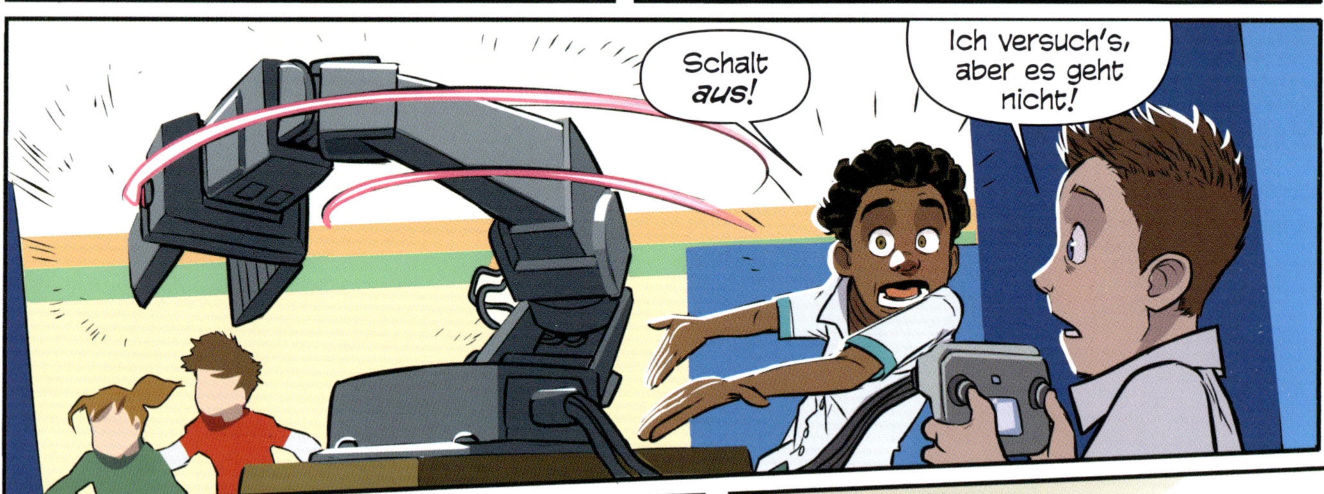
Schalt aus!
Ich versuch's, aber es geht nicht!

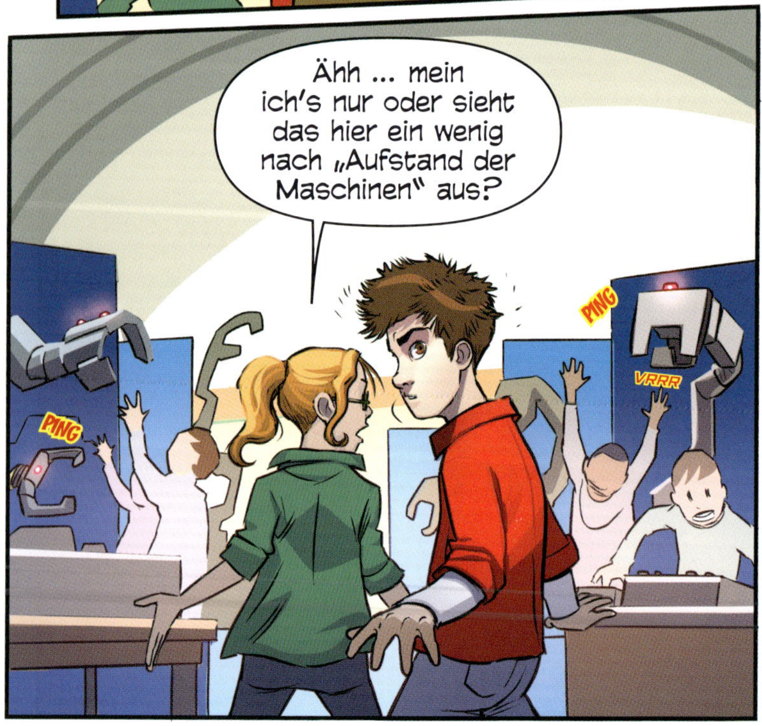
Ähh ... mein ich's nur oder sieht das hier ein wenig nach „Aufstand der Maschinen" aus?
PING
VRRR
PING

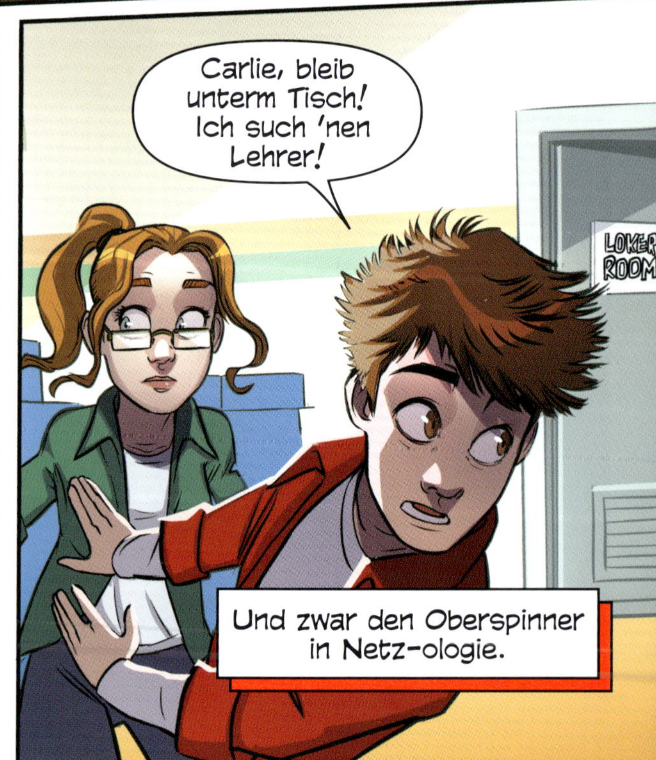
Carlie, bleib unterm Tisch! Ich such 'nen Lehrer!
LOKER ROOM
Und zwar den Oberspinner in Netz-ologie.

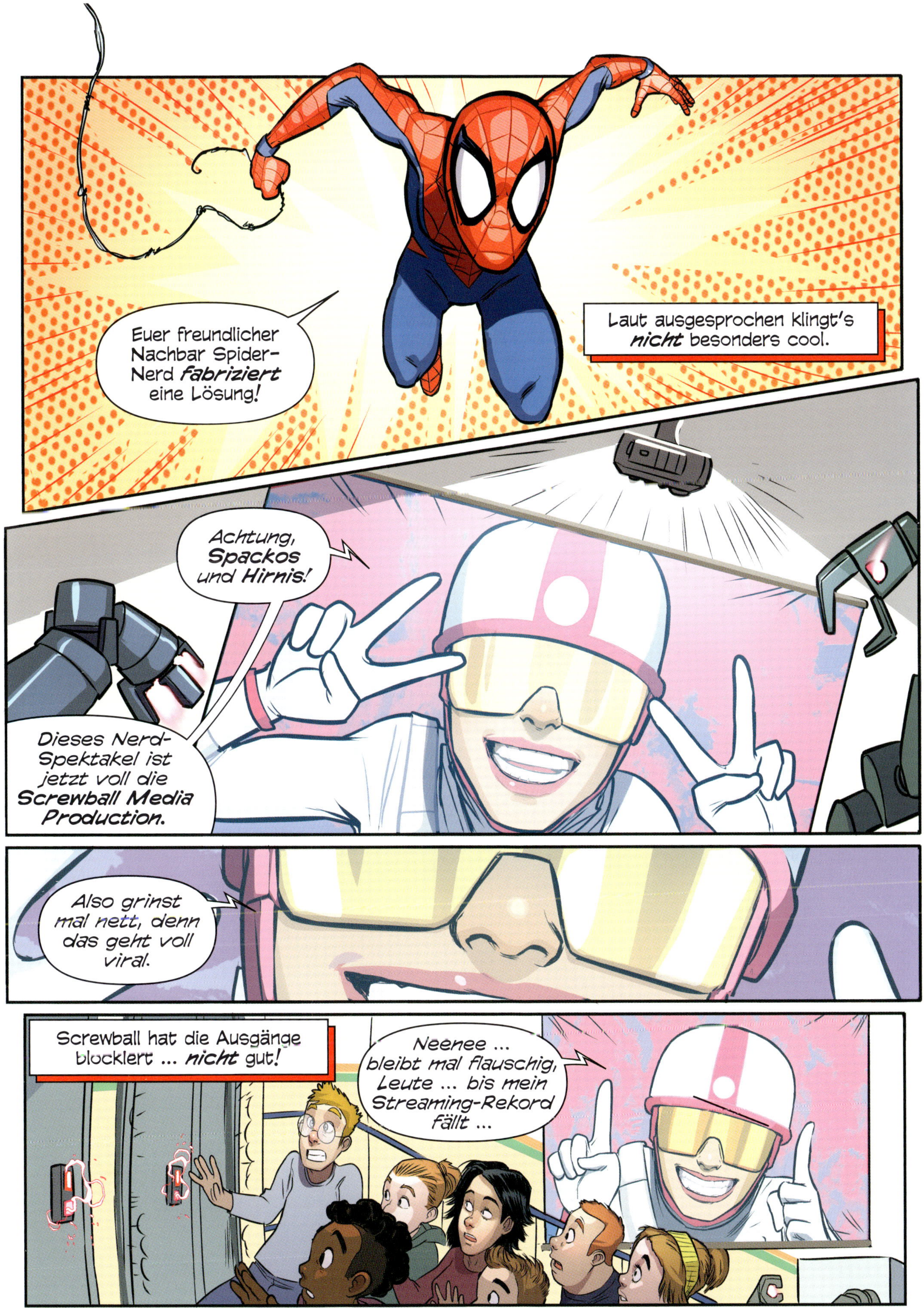
Euer freundlicher Nachbar Spider-Nerd **fabriziert** eine Lösung!
Laut ausgesprochen klingt's **nicht** besonders cool.
Achtung, **Spackos** und **Hirnis!**
Dieses Nerd-Spektakel ist jetzt voll die **Screwball Media Production.**
Also grinst mal nett, denn das geht voll viral.
Screwball hat die Ausgänge blockiert ... **nicht** gut!
Neenee ... bleibt mal flauschig, Leute ... bis mein Streaming-Rekord fällt ...

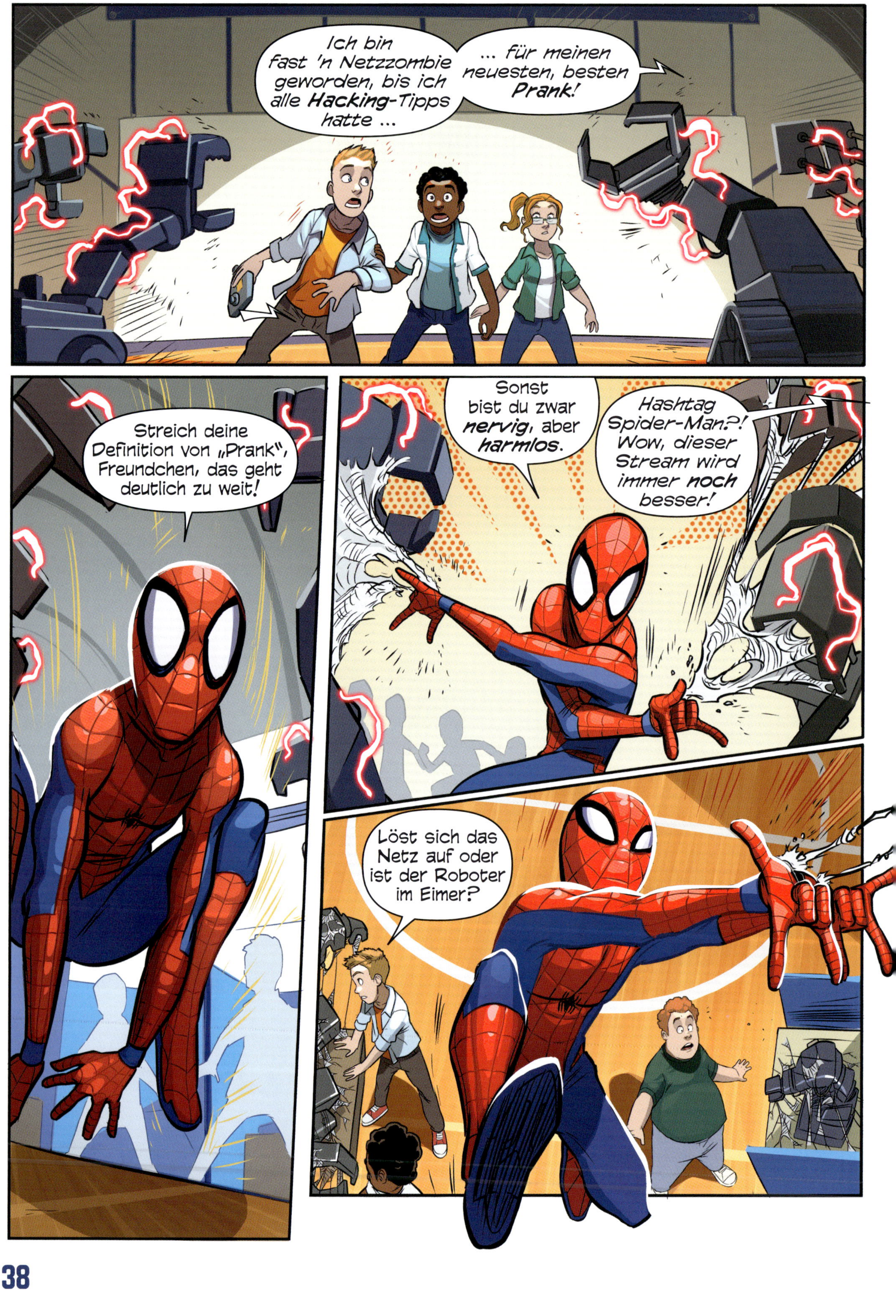

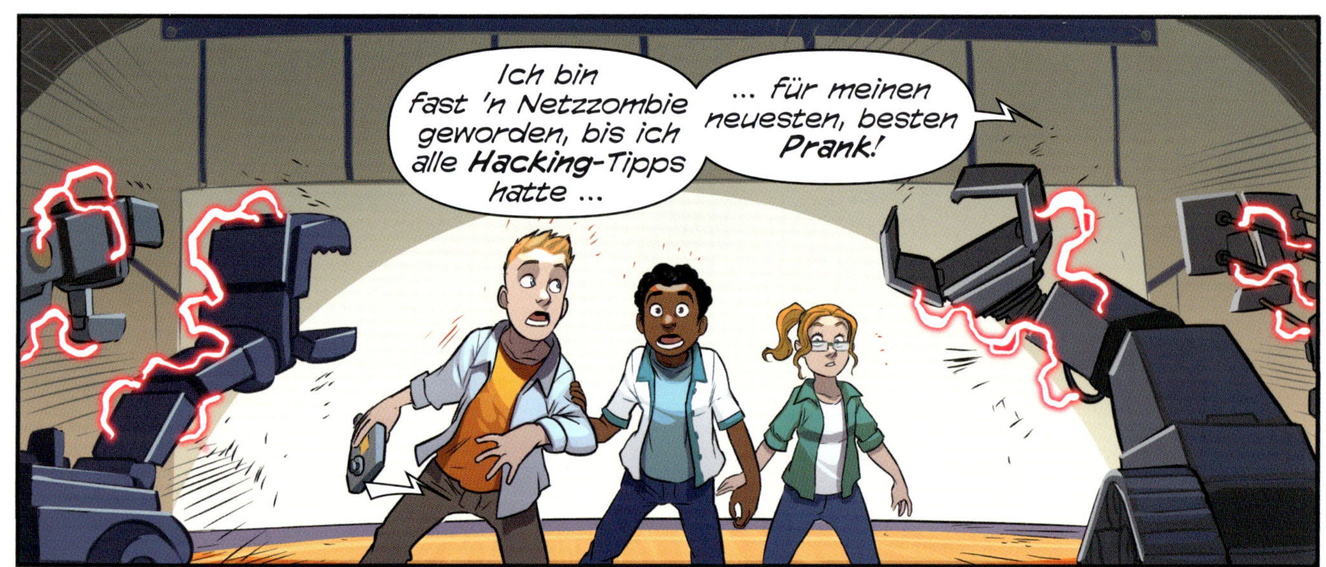

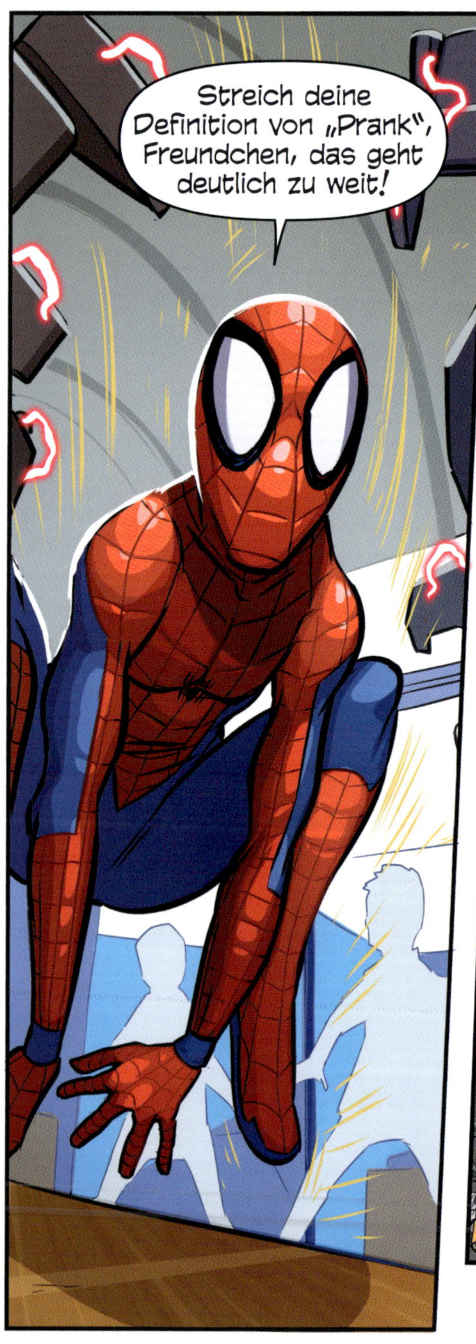

Sonst bist du zwar **nervig**, aber **harmlos**.

Hashtag Spider-Man?! Wow, dieser Stream wird immer **noch** besser!

Löst sich das Netz auf oder ist der Roboter im Eimer?

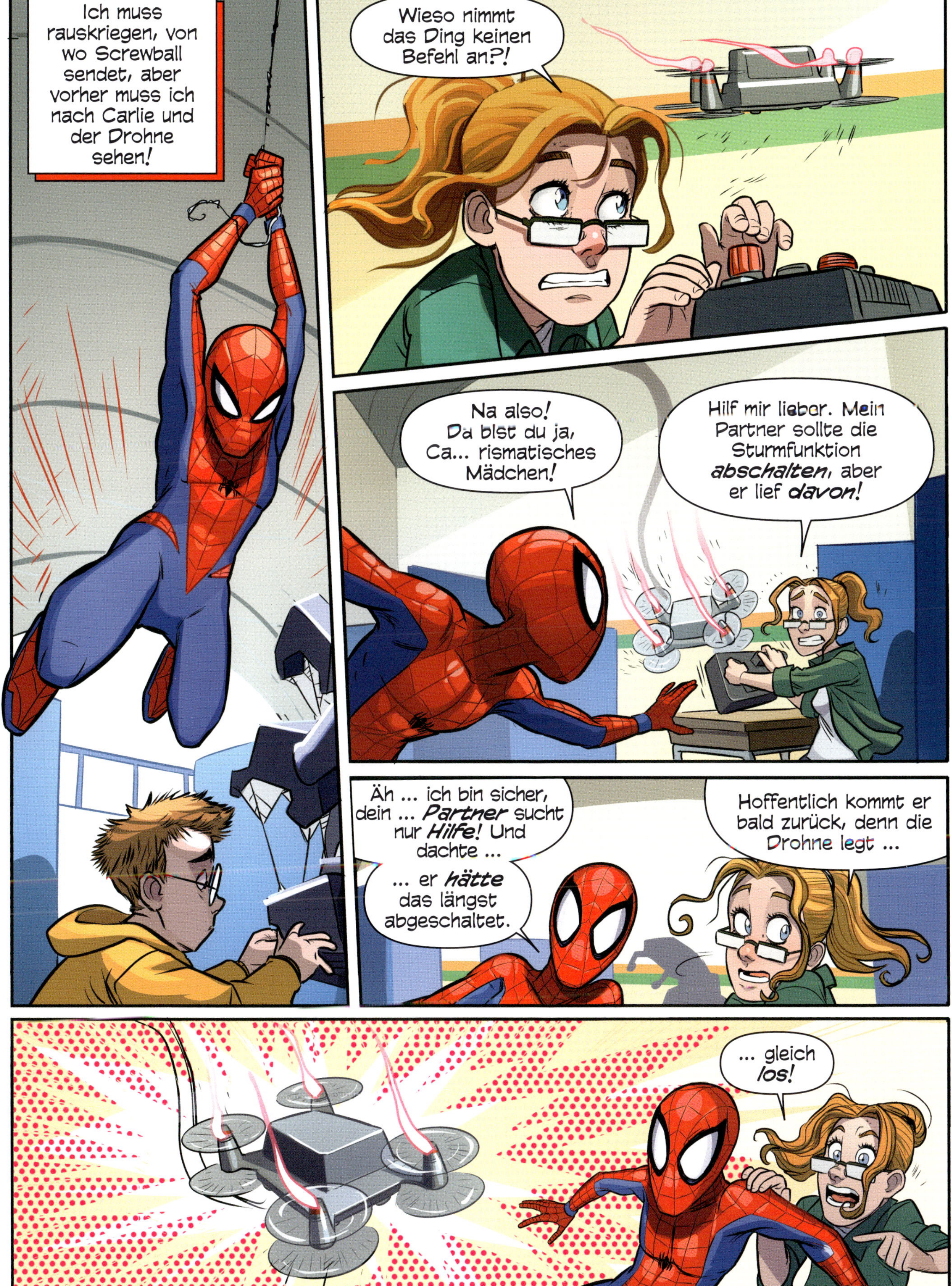
Ich muss rauskriegen, von wo Screwball sendet, aber vorher muss ich nach Carlie und der Drohne sehen!
Wieso nimmt das Ding keinen Befehl an?!
Na also! Da bist du ja, Ca... rismatisches Mädchen!
Hilf mir lieber. Mein Partner sollte die Sturmfunktion *abschalten*, aber er lief *davon!*
Äh ... ich bin sicher, dein ... *Partner* sucht nur *Hilfe!* Und dachte ...
... er *hätte* das längst abgeschaltet.
Hoffentlich kommt er bald zurück, denn die Drohne legt ...
... gleich *los!*

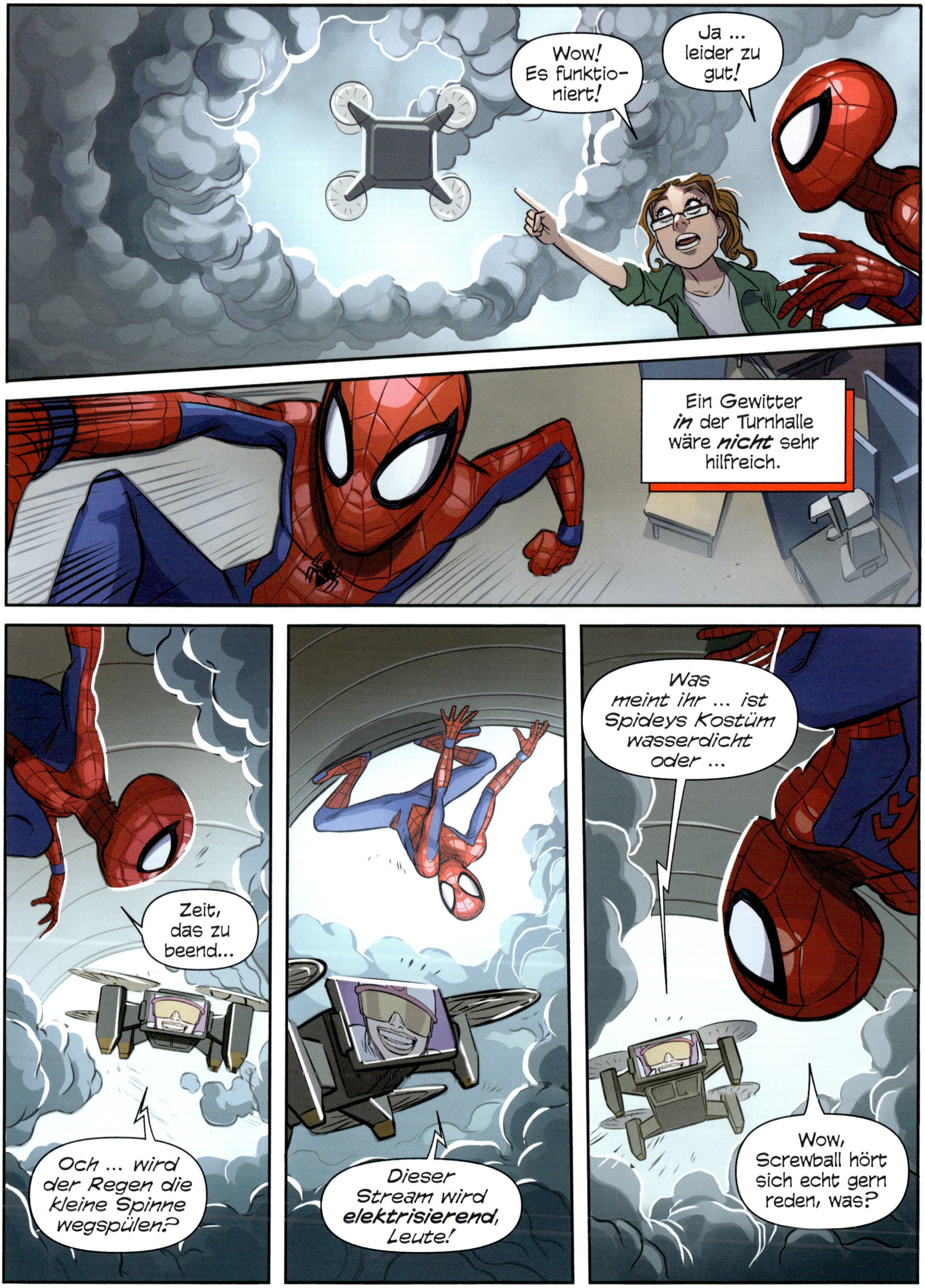

Wow! Es funktioniert!

Ja ... leider zu gut!

Ein Gewitter *in* der Turnhalle wäre ***nicht*** sehr hilfreich.

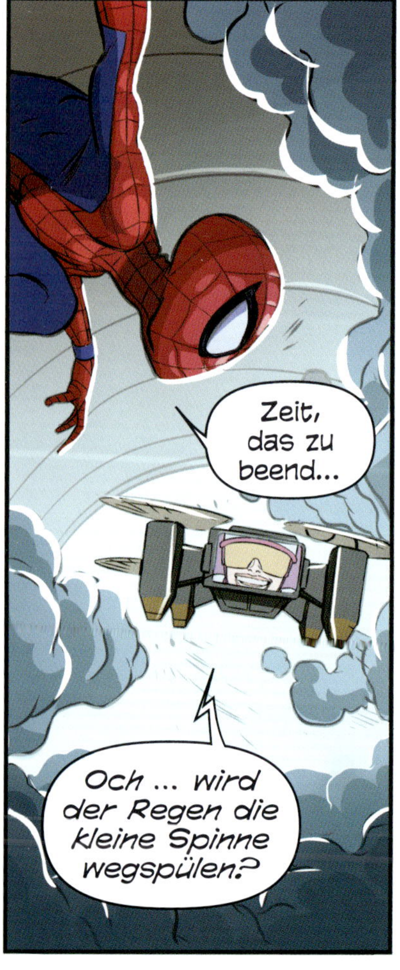

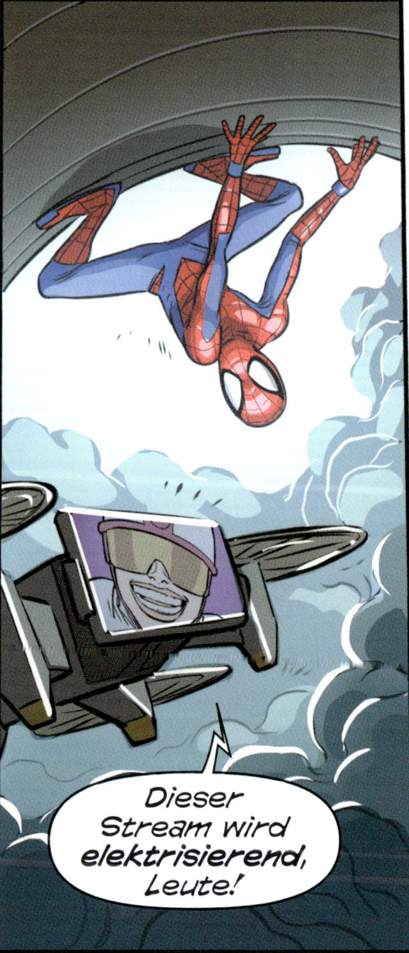

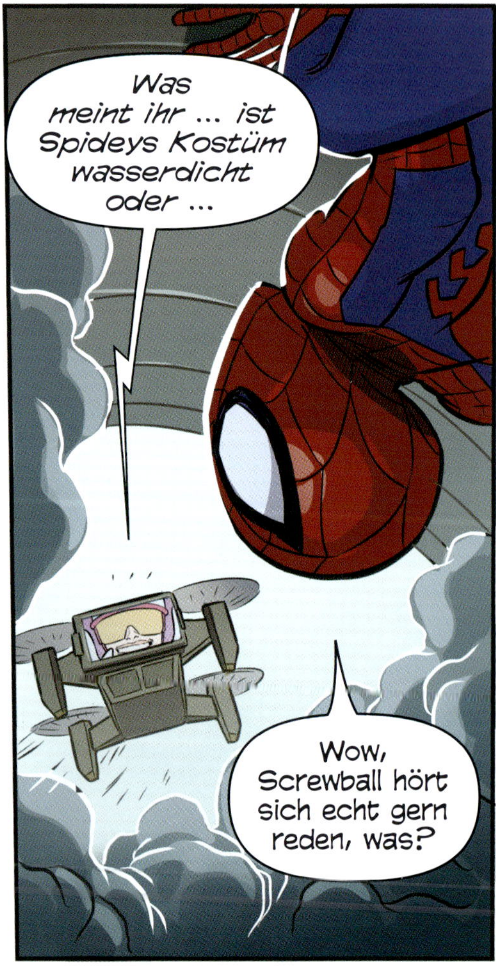

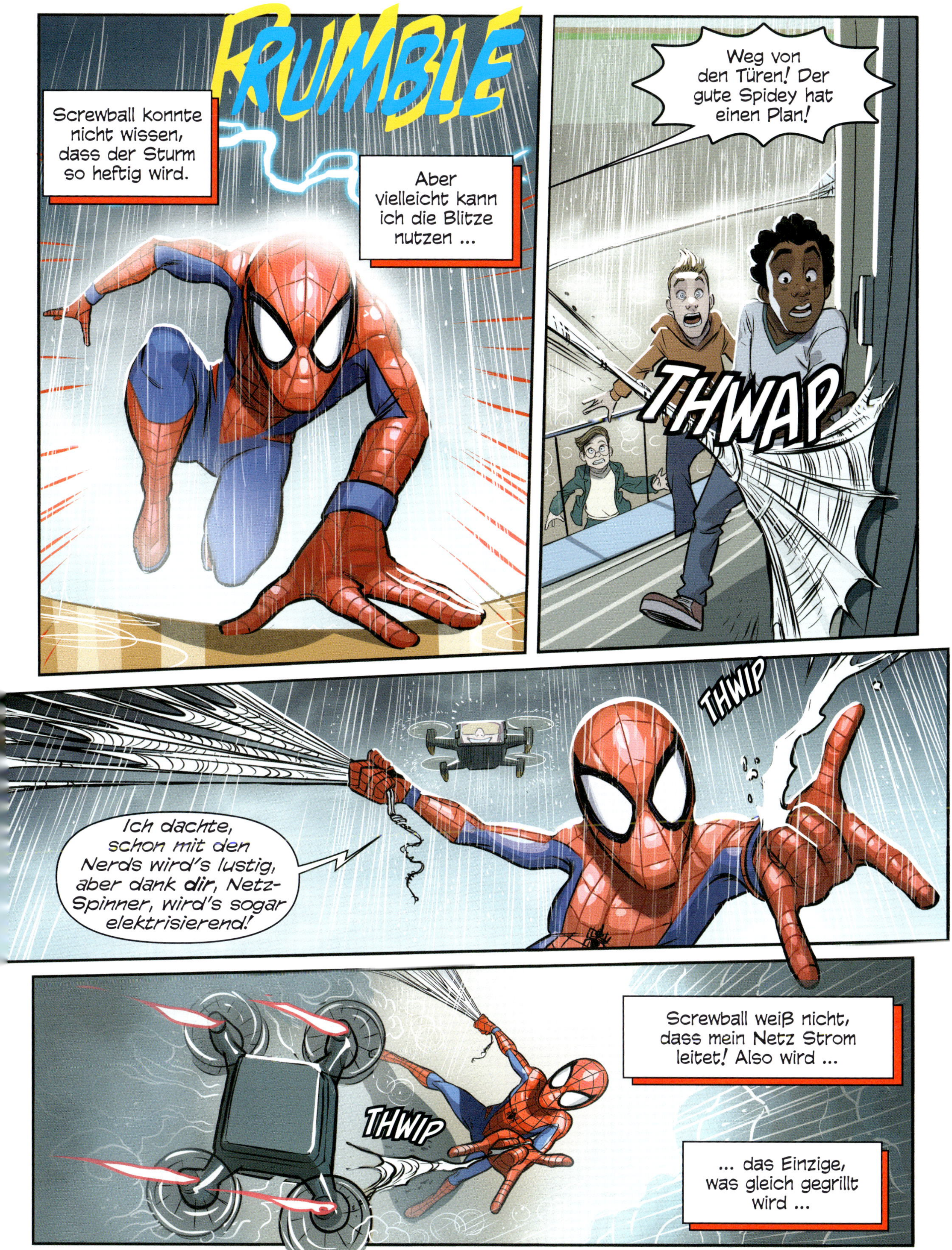

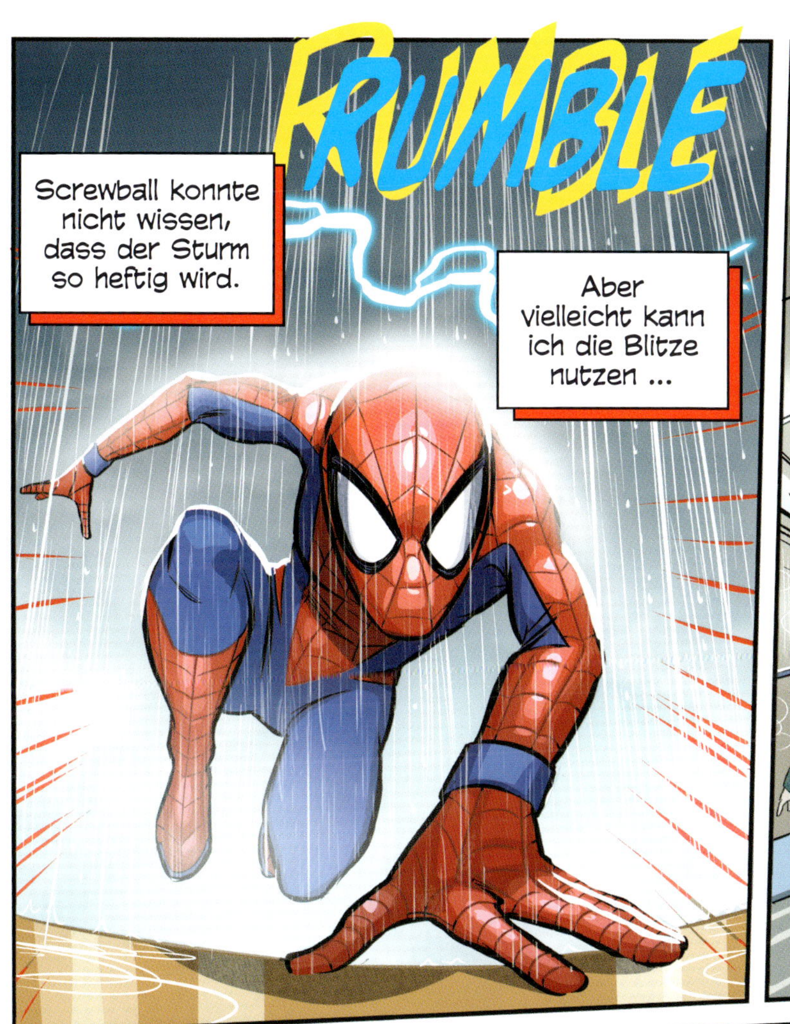

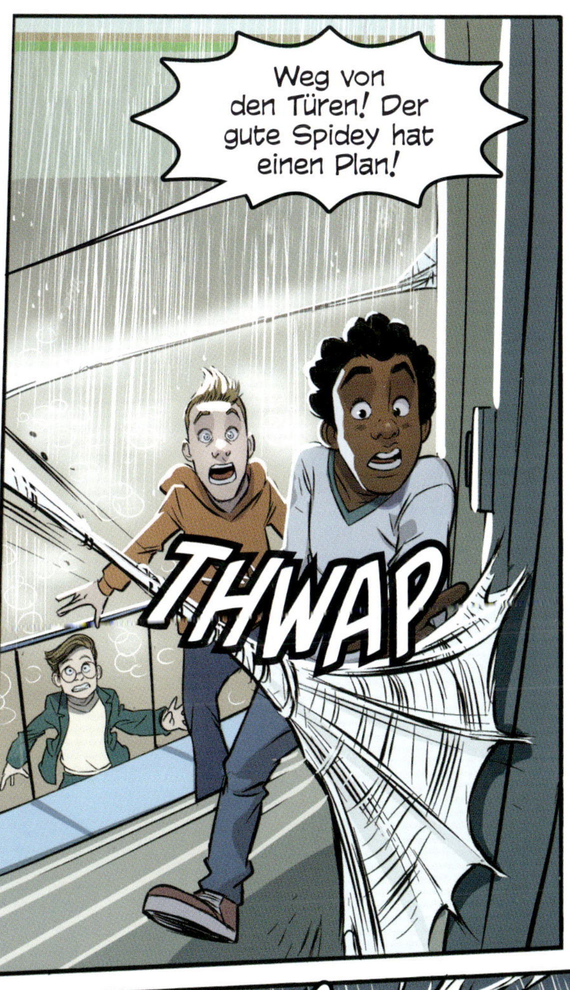

THWIP

Ich dachte, schon mit den Nerds wird's lustig, aber dank **dir**, Netz-Spinner, wird's sogar elektrisierend!

Screwball weiß nicht, dass mein Netz Strom leitet! Also wird …

THWIP

… das Einzige, was gleich gegrillt wird …

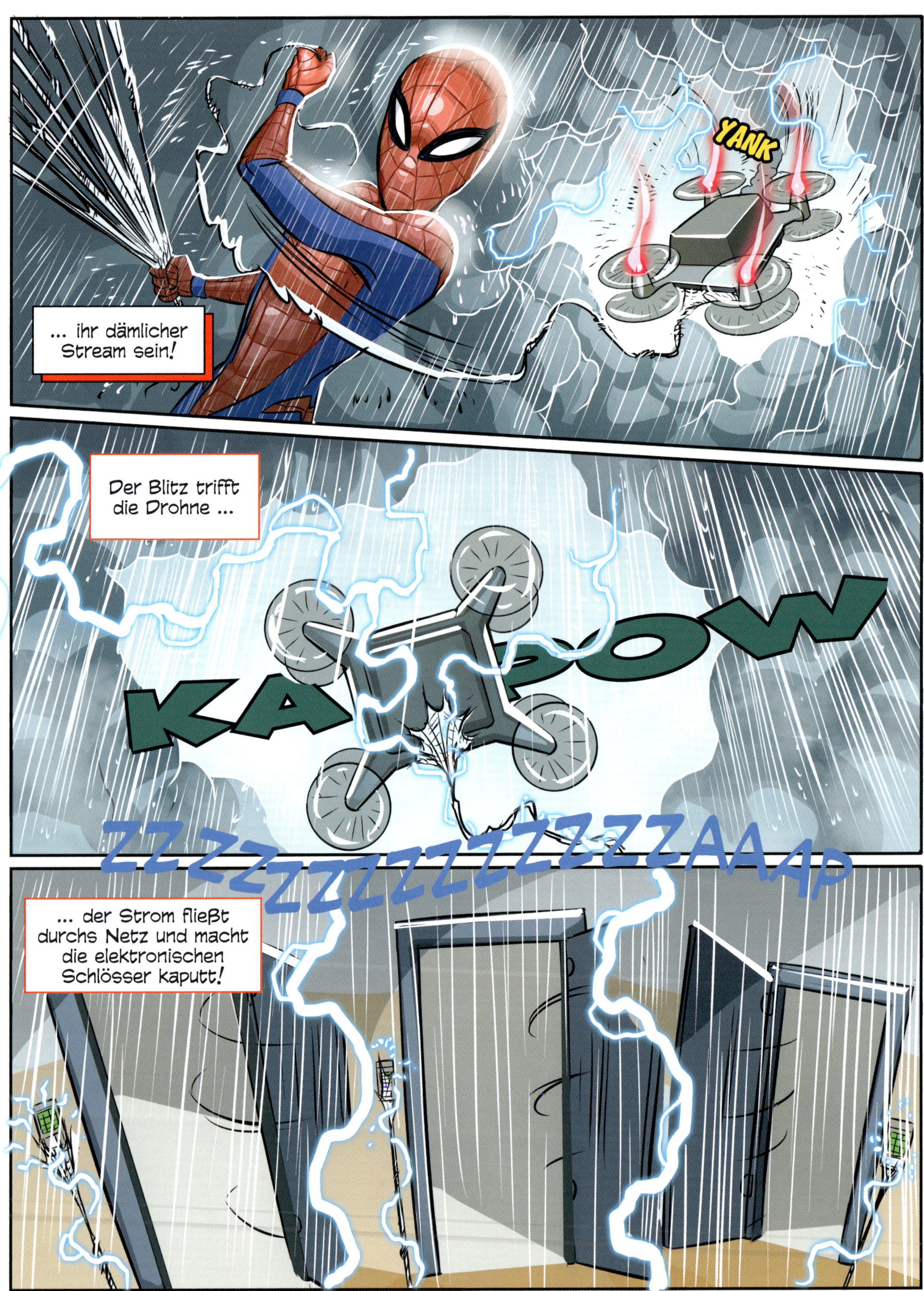
YANK
... ihr dämlicher Stream sein!
Der Blitz trifft die Drohne ...
KA-POW
ZZZZZZZZZZZZZZZAAAP
... der Strom fließt durchs Netz und macht die elektronischen Schlösser kaputt!

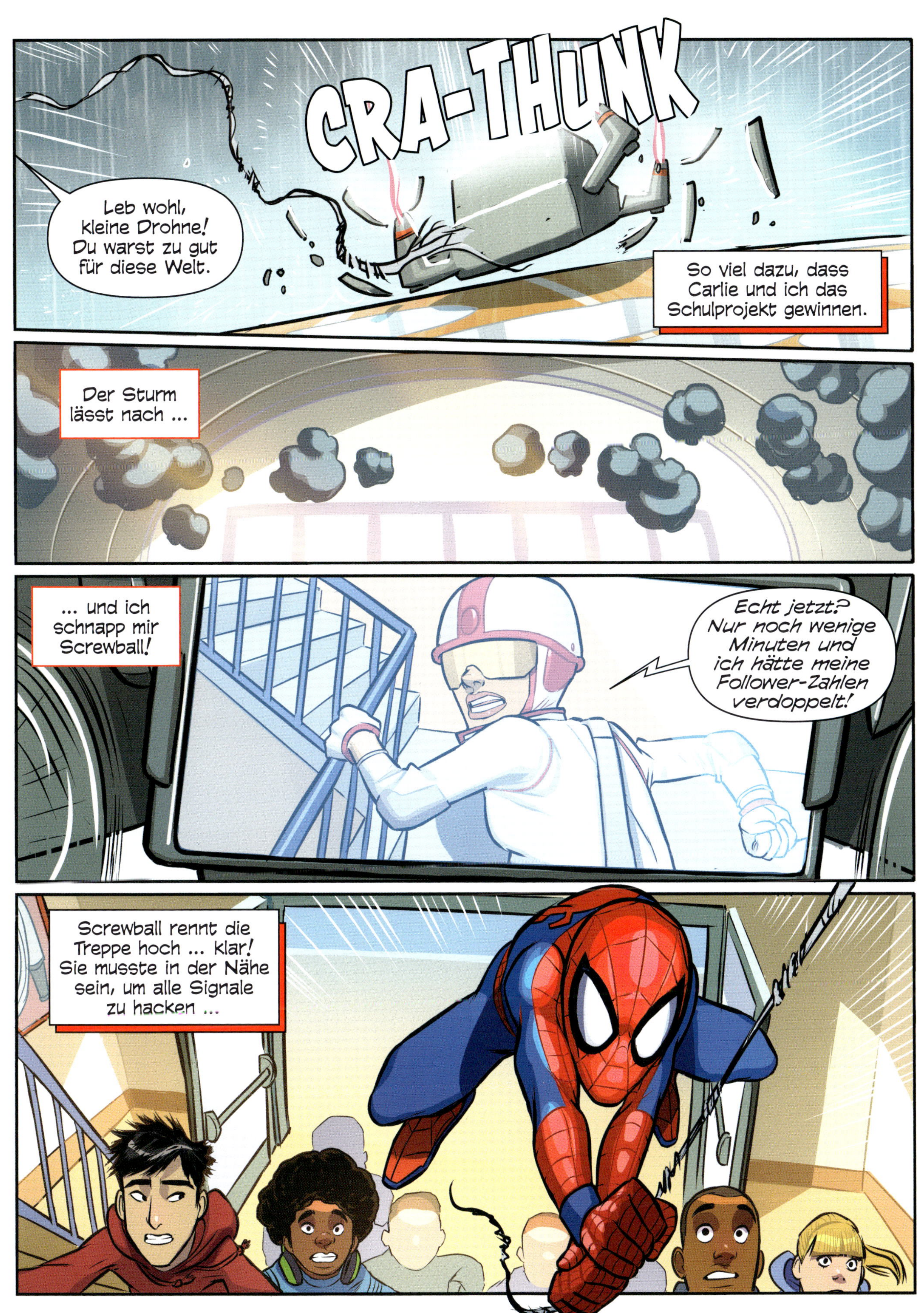
CRA-THUNK
Leb wohl, kleine Drohne! Du warst zu gut für diese Welt.
So viel dazu, dass Carlie und ich das Schulprojekt gewinnen.
Der Sturm lässt nach ...
... und ich schnapp mir Screwball!
Echt jetzt? Nur noch wenige Minuten und ich hätte meine Follower-Zahlen verdoppelt!
Screwball rennt die Treppe hoch ... klar! Sie musste in der Nähe sein, um alle Signale zu hacken ...

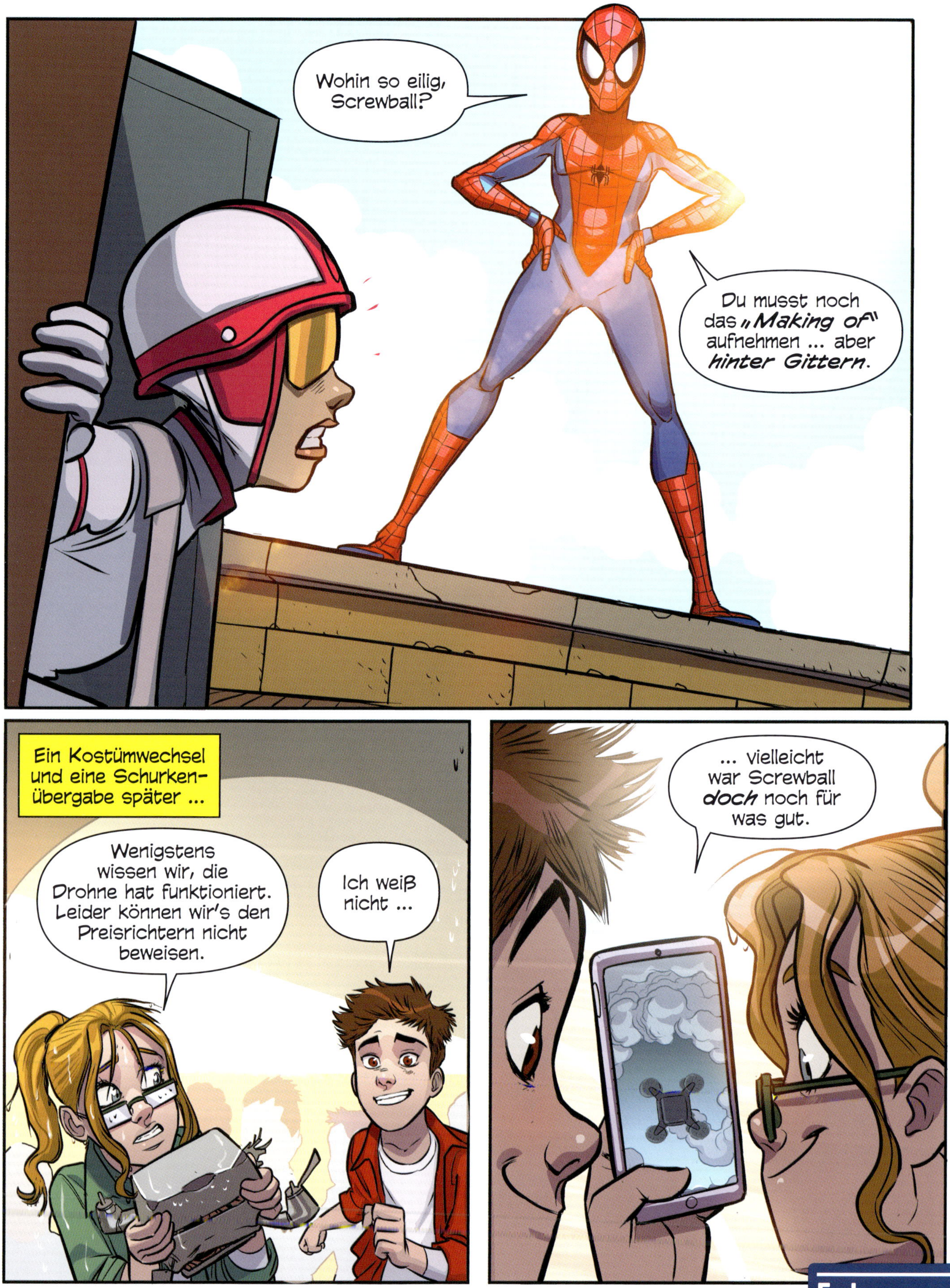

Wohin so eilig, Screwball?
Du musst noch das „*Making of*“ aufnehmen ... aber *hinter Gittern*.

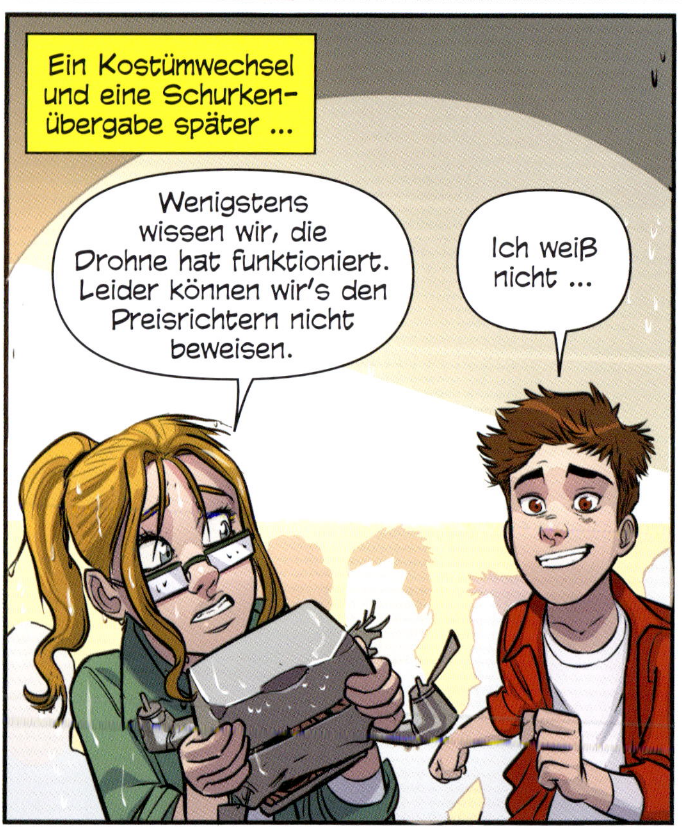

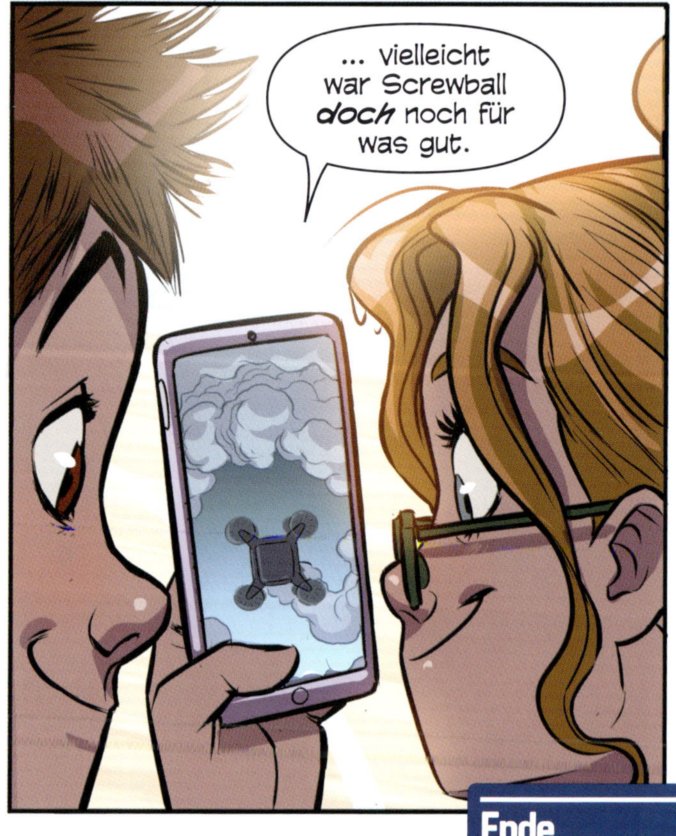

Ende

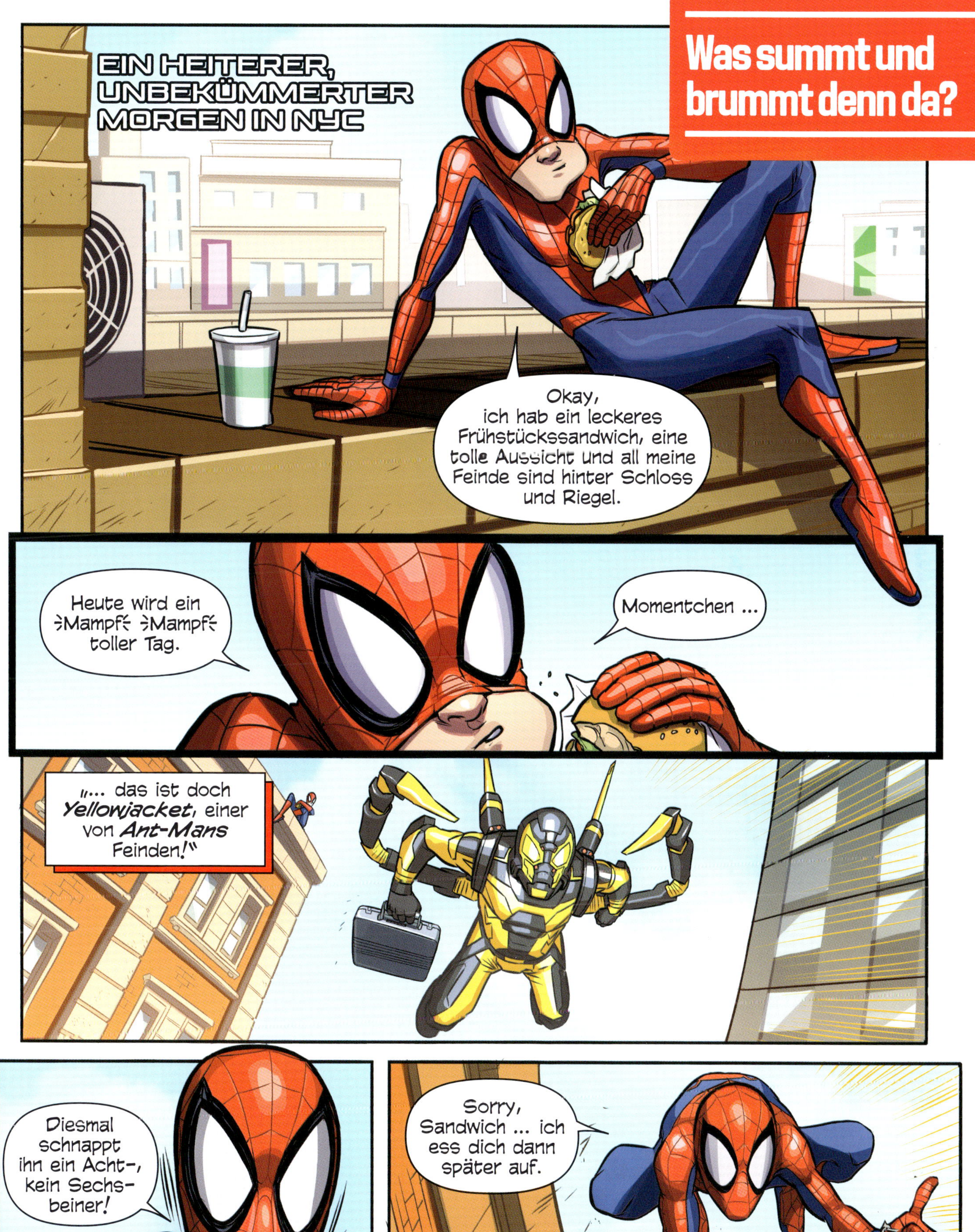
Was summt und brummt denn da?
EIN HEITERER, UNBEKÜMMERTER MORGEN IN NYC
Okay, ich hab ein leckeres Frühstückssandwich, eine tolle Aussicht und all meine Feinde sind hinter Schloss und Riegel.
Heute wird ein ⁘Mampf⁘ ⁘Mampf⁘ toller Tag.
Momentchen ...
„... das ist doch *Yellowjacket*, einer von *Ant-Mans* Feinden!“
Diesmal schnappt ihn ein Acht-, kein Sechs-beiner!
Sorry, Sandwich ... ich ess dich dann später auf.
THWIP

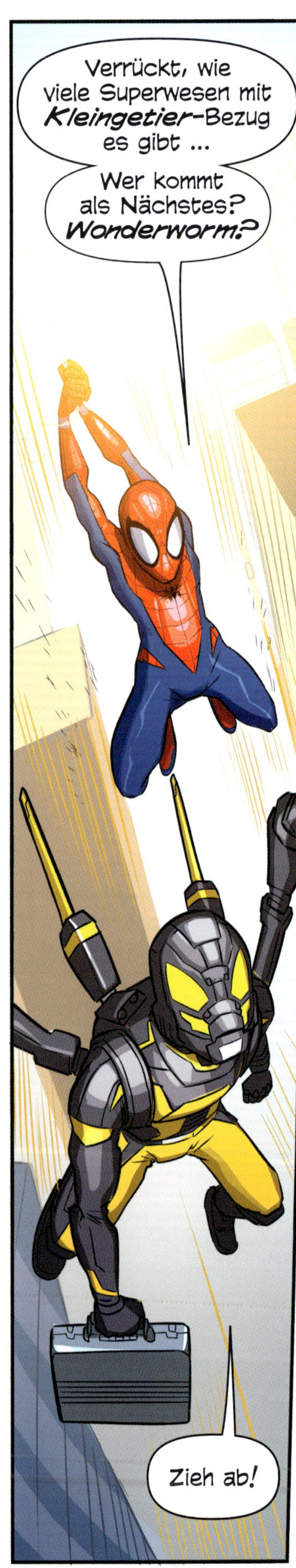

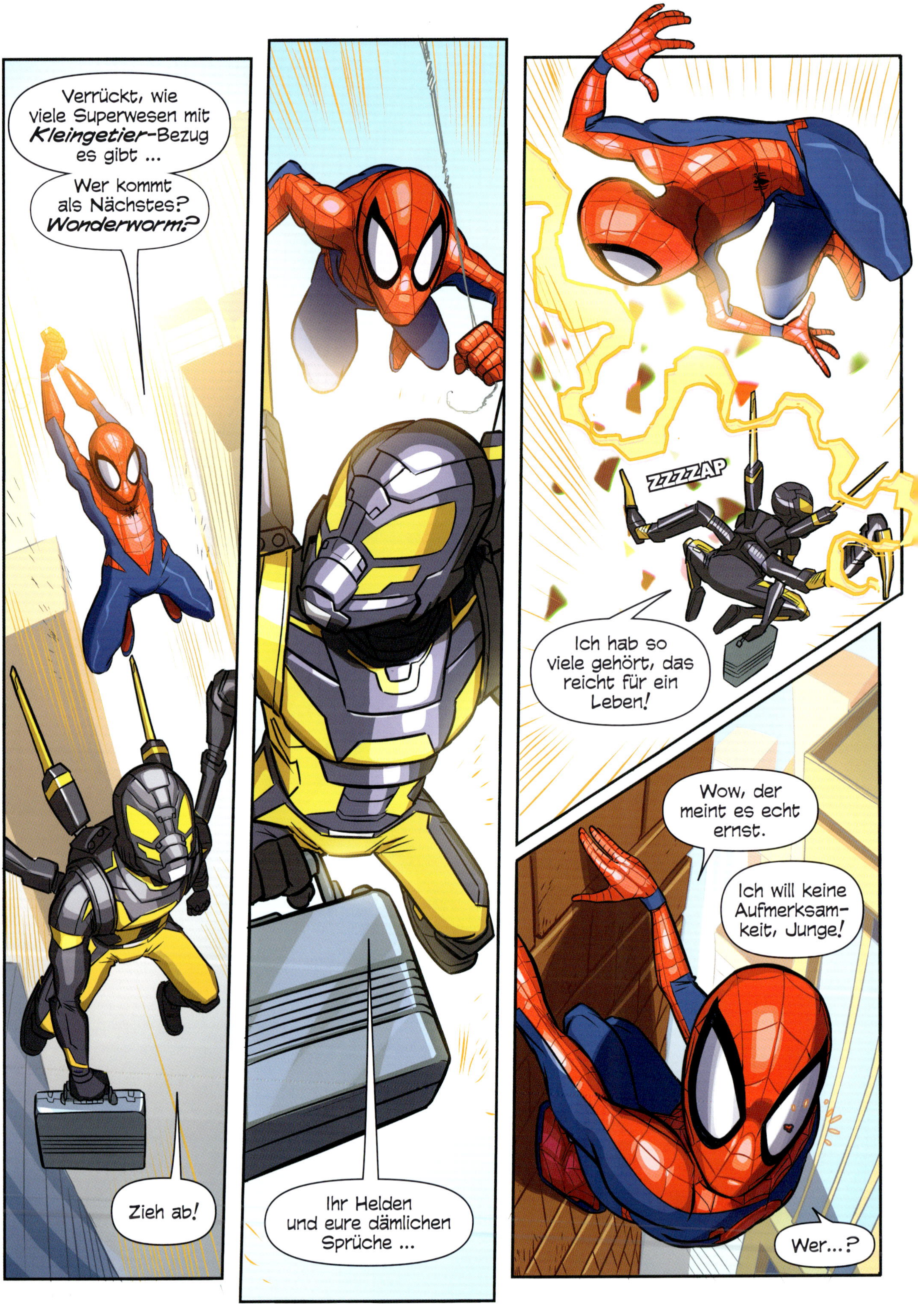

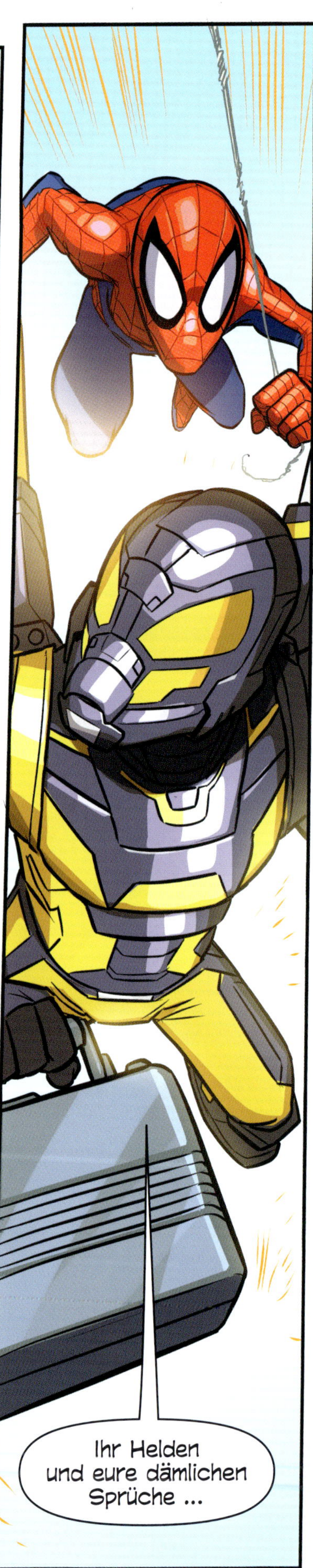

ZZZZAP

Ich hab so viele gehört, das reicht für ein Leben!

Wow, der meint es echt ernst.

Ich will keine Aufmerksamkeit, Junge!

Wer...?

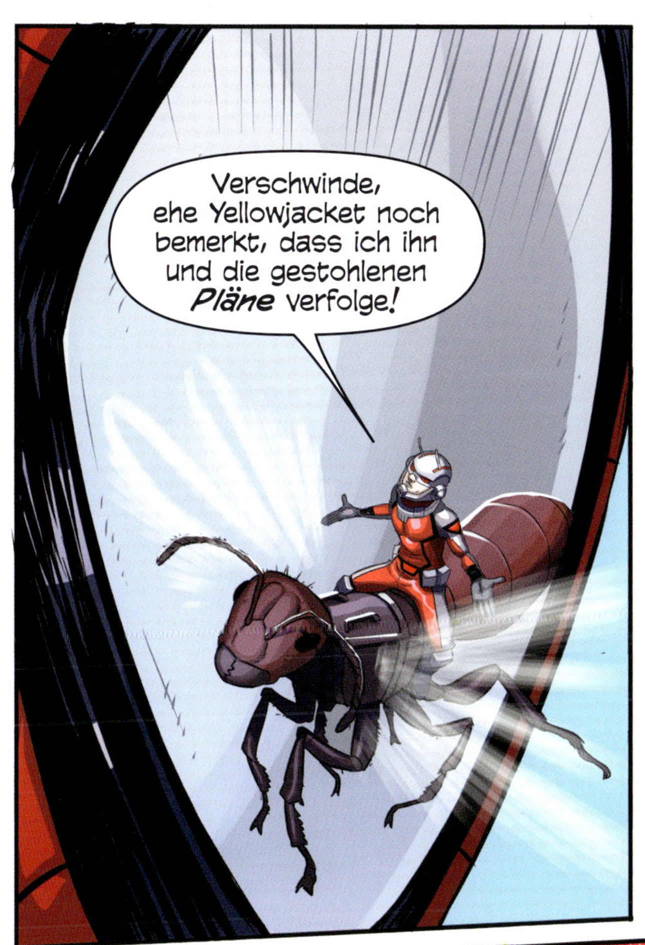
Verschwinde, ehe Yellowjacket noch bemerkt, dass ich ihn und die gestohlenen *Pläne* verfolge!

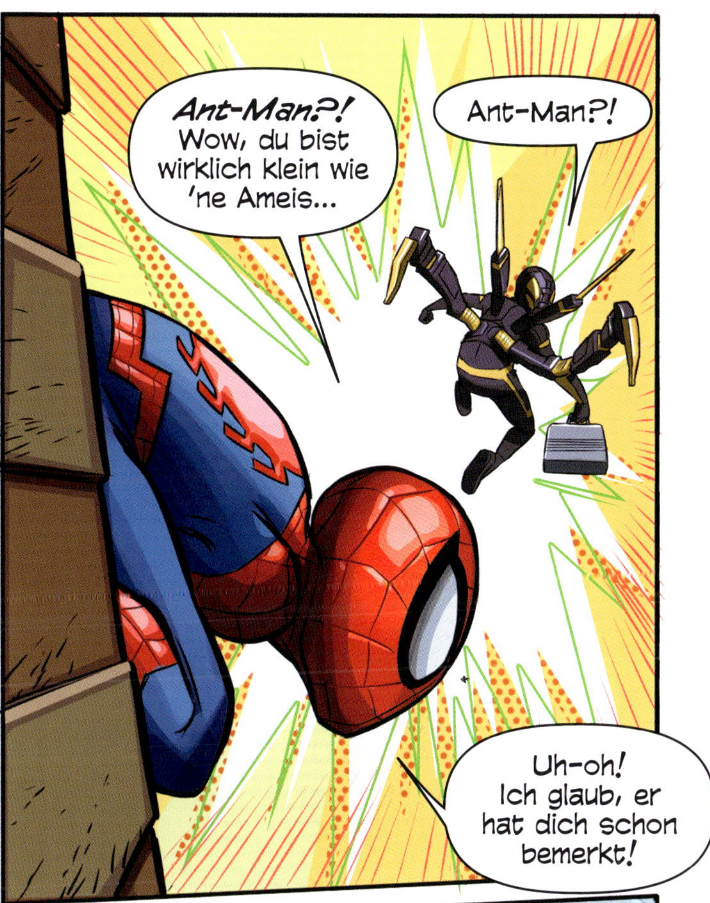
Ant-Man?! Wow, du bist wirklich klein wie 'ne Ameis…
Ant-Man?!
Uh-oh! Ich glaub, er hat dich schon bemerkt!

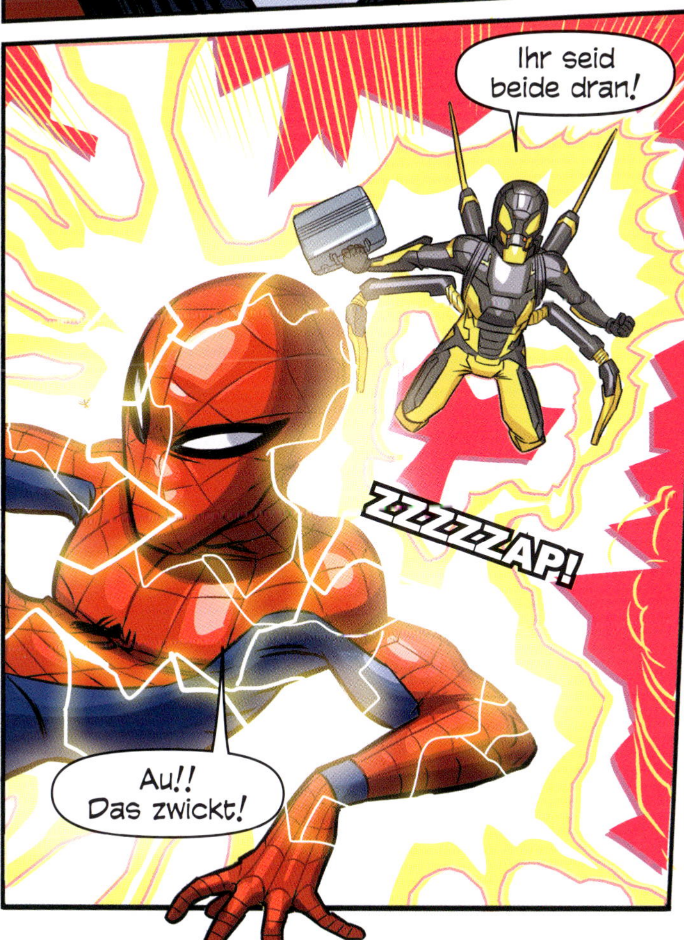
Ihr seid beide dran!
ZZZZZZAP!
Au!! Das zwickt!

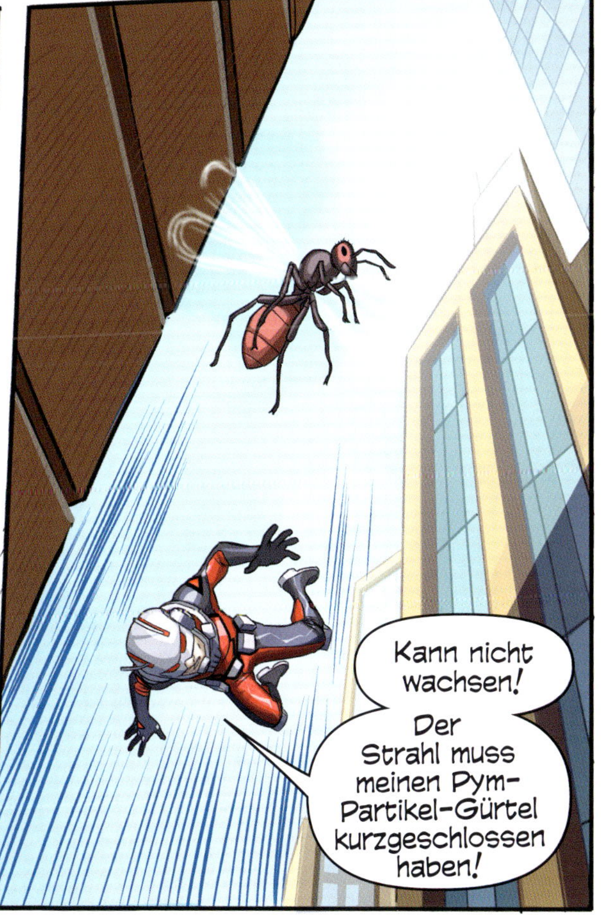
Kann nicht wachsen!
Der Strahl muss meinen Pym-Partikel-Gürtel kurzgeschlossen haben!

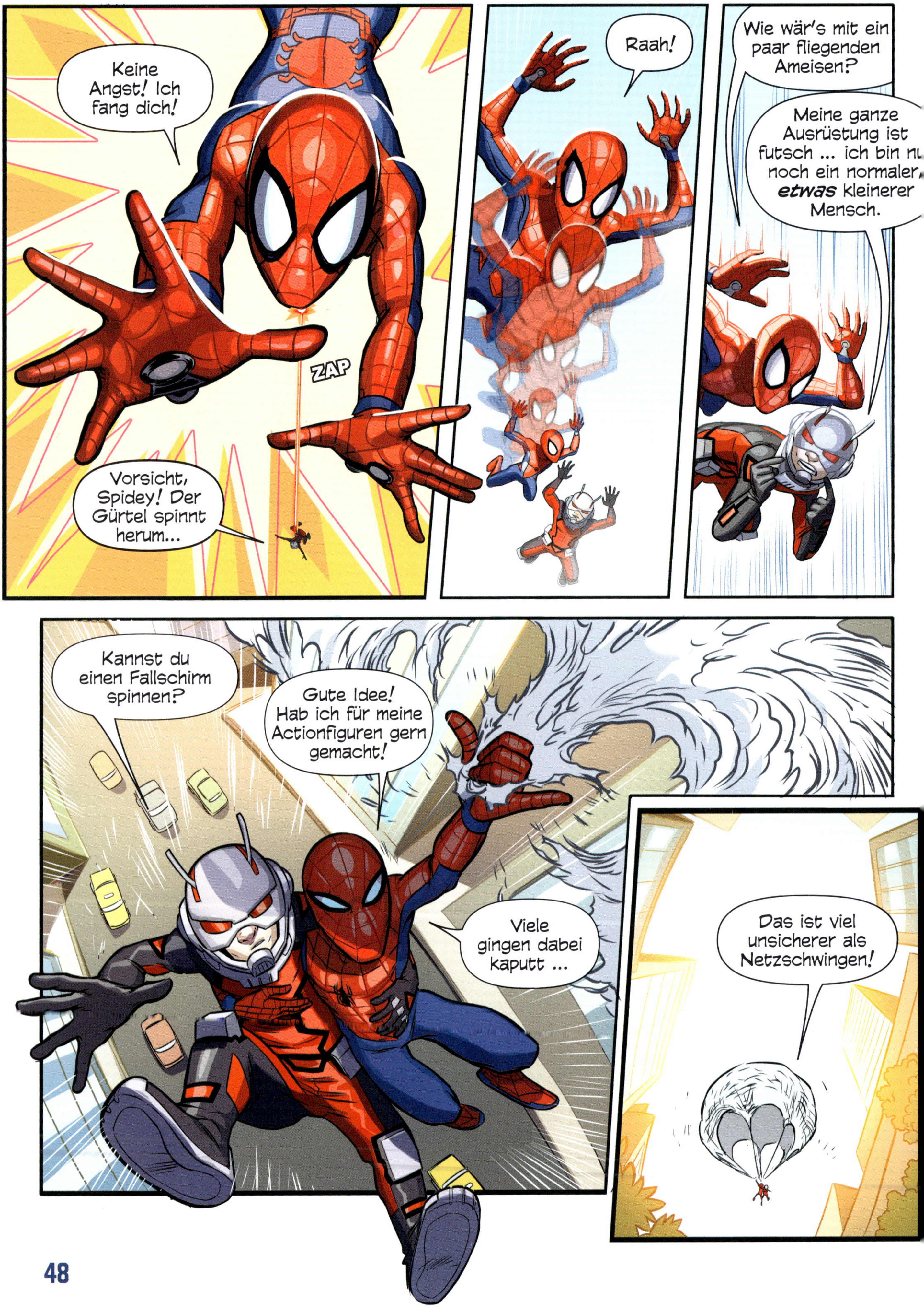

Keine Angst! Ich fang dich!

ZAP

Vorsicht, Spidey! Der Gürtel spinnt herum...

Raah!

Wie wär's mit ein paar fliegenden Ameisen?

Meine ganze Ausrüstung ist futsch ... ich bin nu noch ein normaler, *etwas* kleinerer Mensch.

Kannst du einen Fallschirm spinnen?

Gute Idee! Hab ich für meine Actionfiguren gern gemacht!

Viele gingen dabei kaputt ...

Das ist viel unsicherer als Netzschwingen!

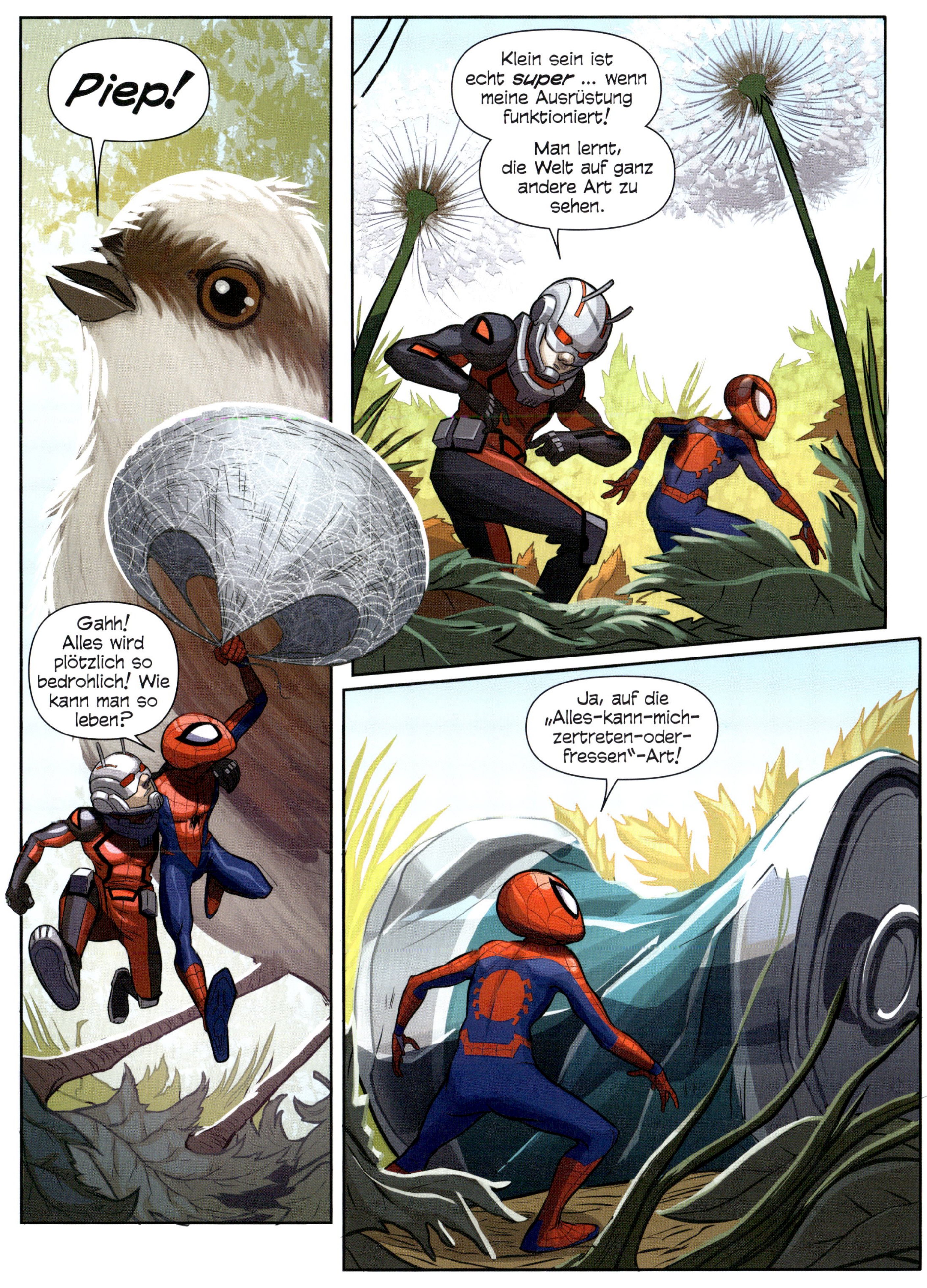
Piep!
Gahh! Alles wird plötzlich so bedrohlich! Wie kann man so leben?
Klein sein ist echt *super* ... wenn meine Ausrüstung funktioniert!
Man lernt, die Welt auf ganz andere Art zu sehen.
Ja, auf die „Alles-kann-mich-zertreten-oder-fressen"-Art!

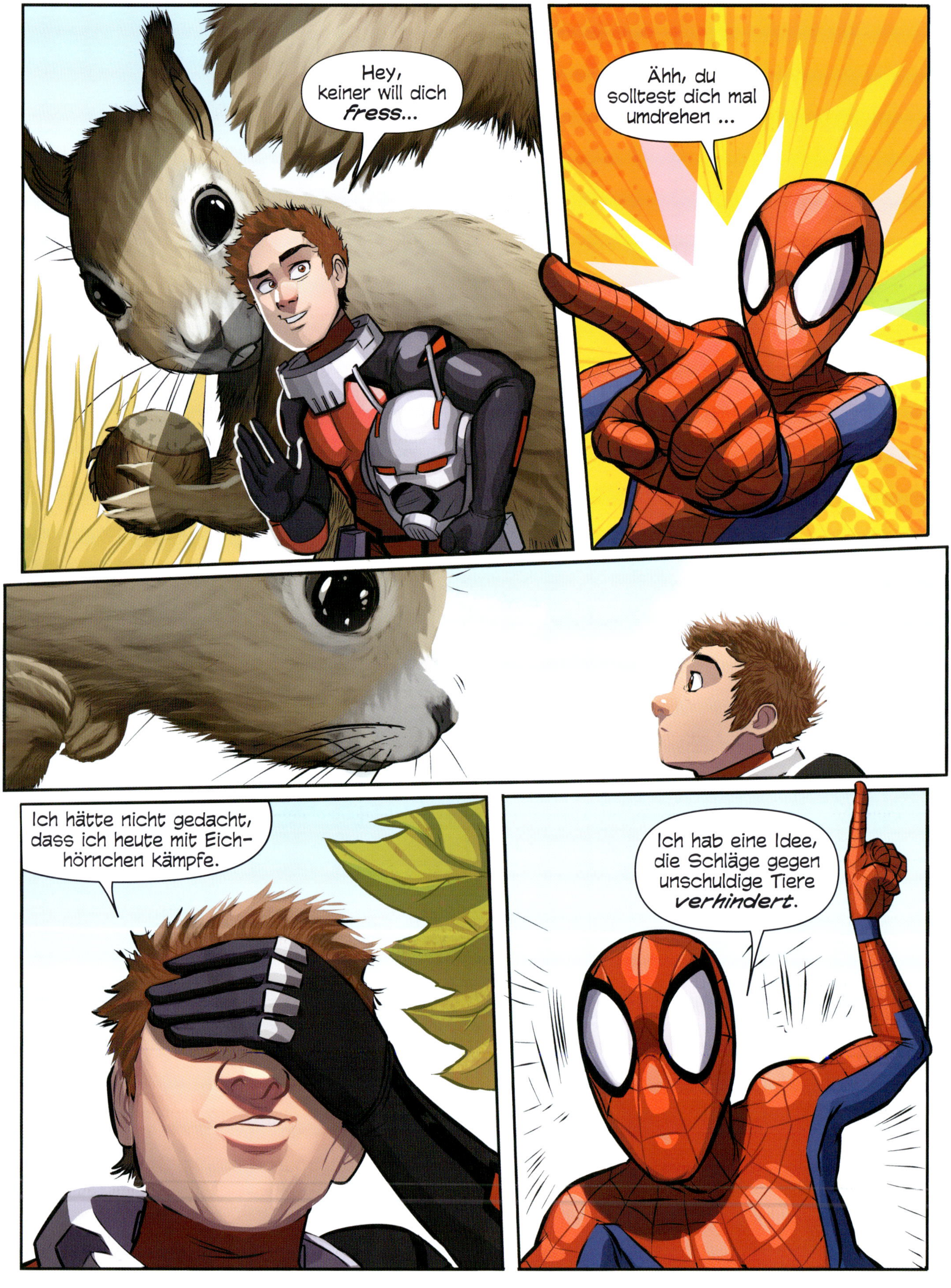

Hey,
keiner will dich
fress...

Ähh, du
solltest dich mal
umdrehen ...

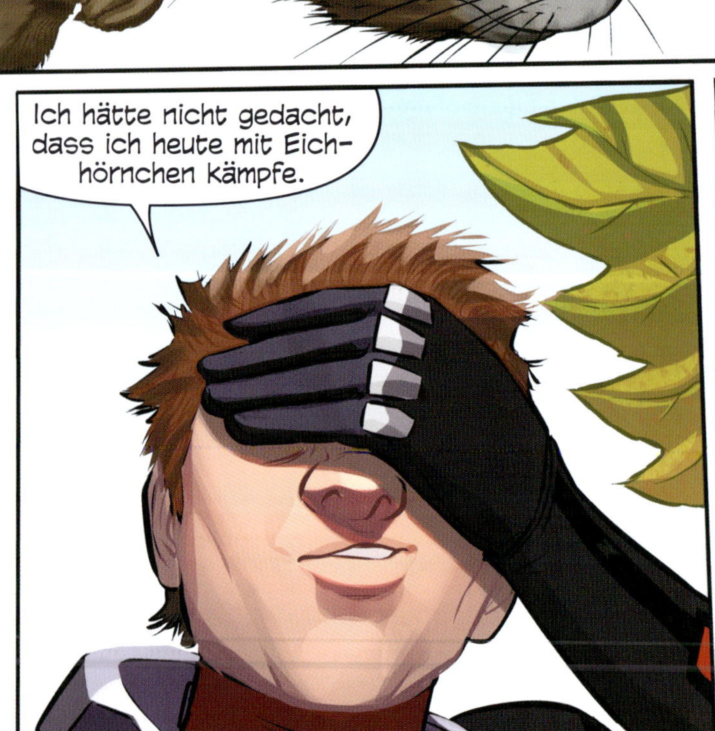

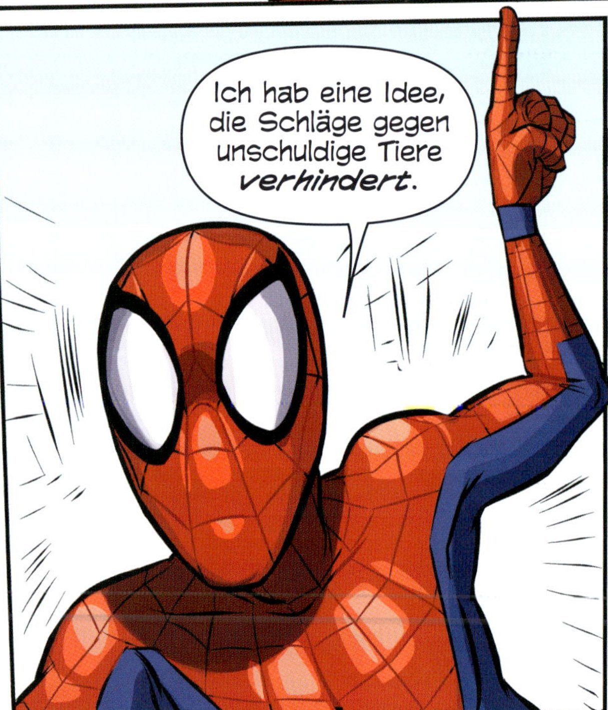

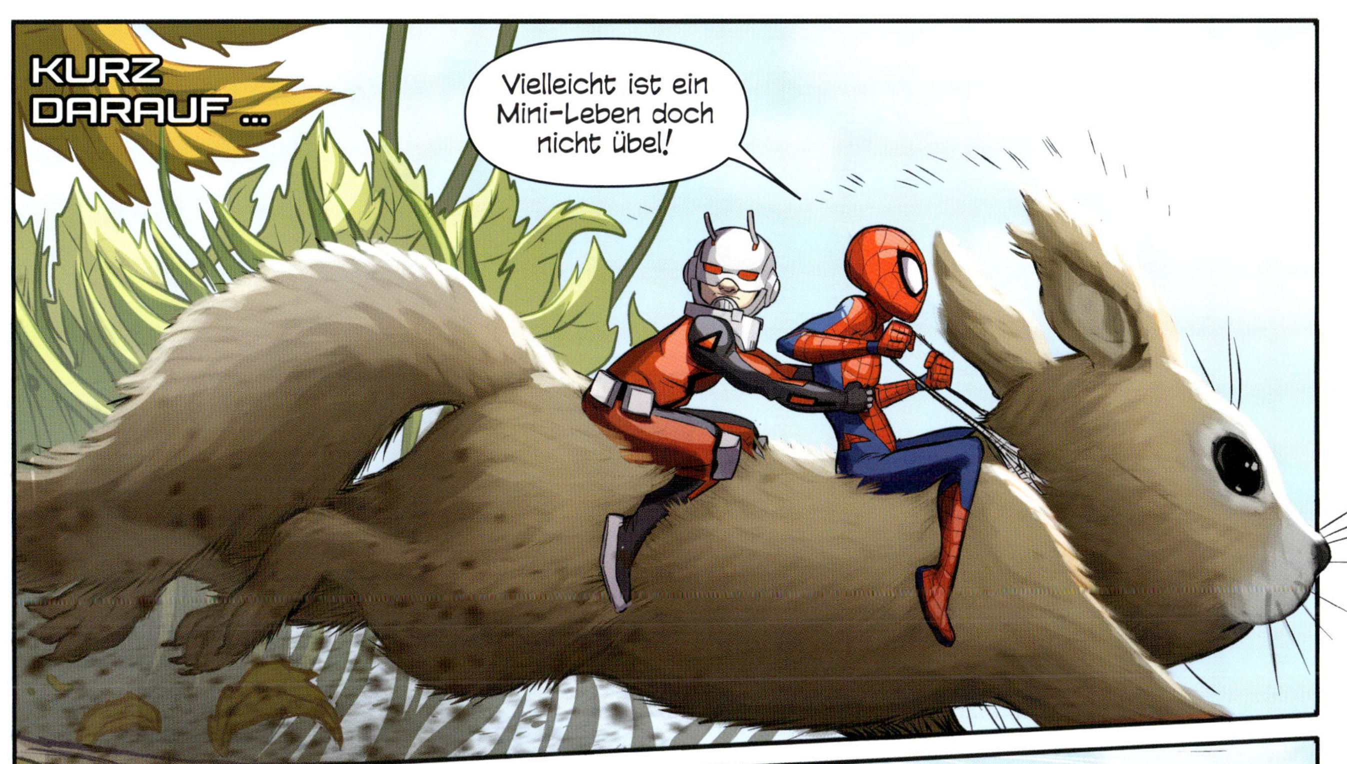
KURZ DARAUF ...
Vielleicht ist ein Mini-Leben doch nicht übel!

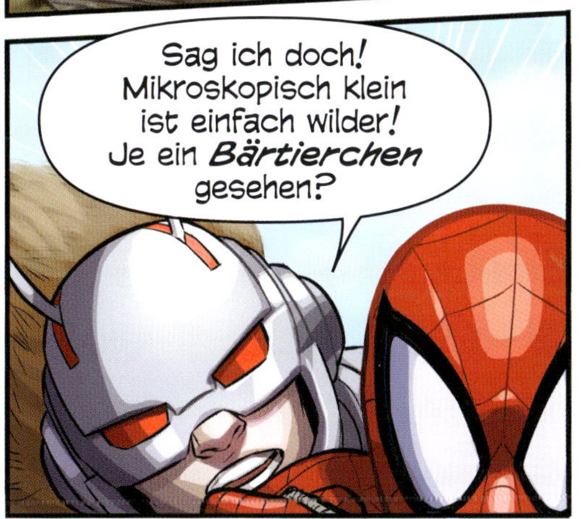
Sag ich doch! Mikroskopisch klein ist einfach wilder! Je ein *Bärtierchen* gesehen?

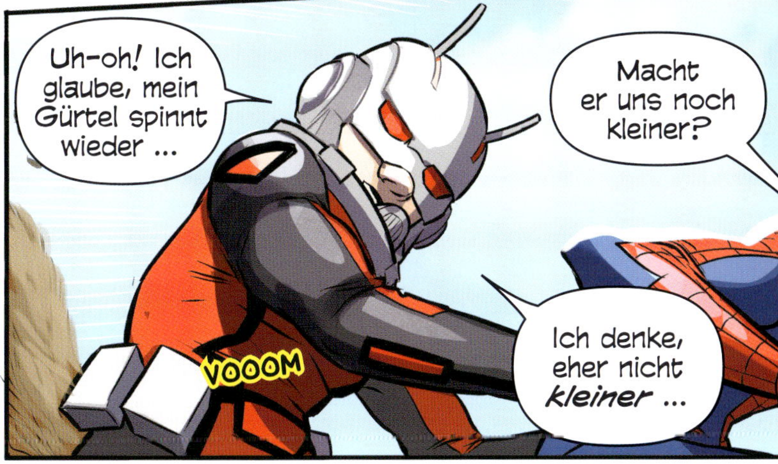
Uh-oh! Ich glaube, mein Gürtel spinnt wieder ...
Macht er uns noch kleiner?
VOOOM
Ich denke, eher nicht *kleiner* ...

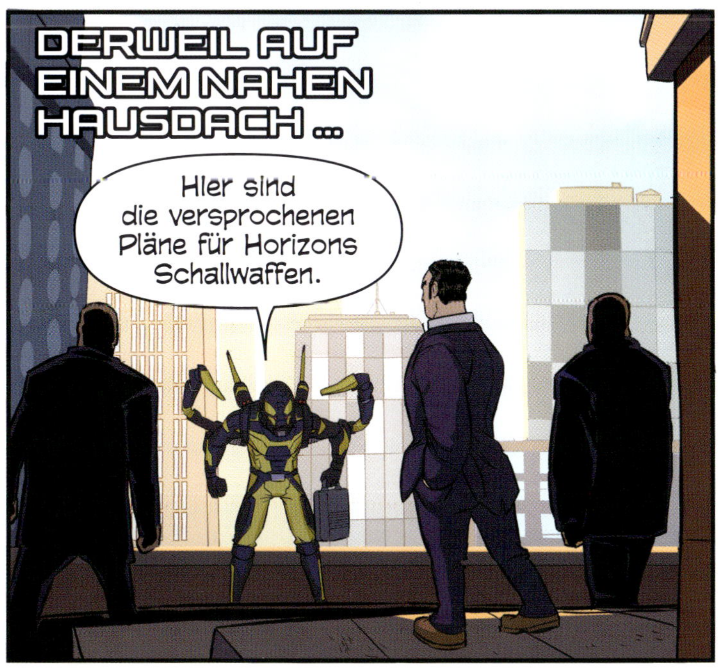
DERWEIL AUF EINEM NAHEN HAUSDACH ...
Hier sind die versprochenen Pläne für Horizons Schallwaffen.

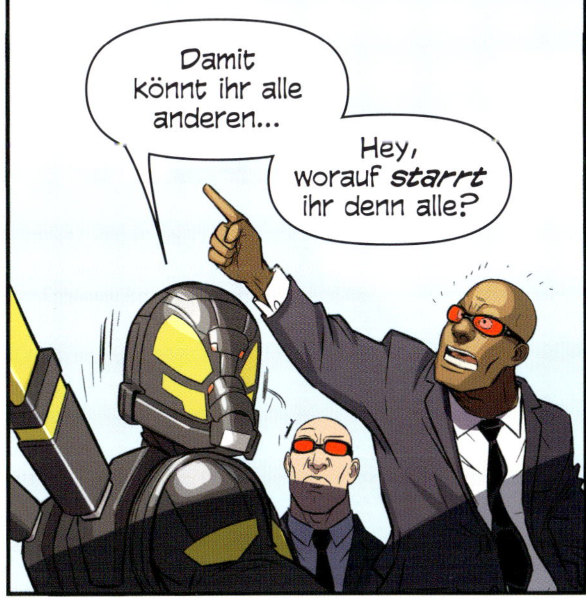
Damit könnt ihr alle anderen...
Hey, worauf *starrt* ihr denn alle?

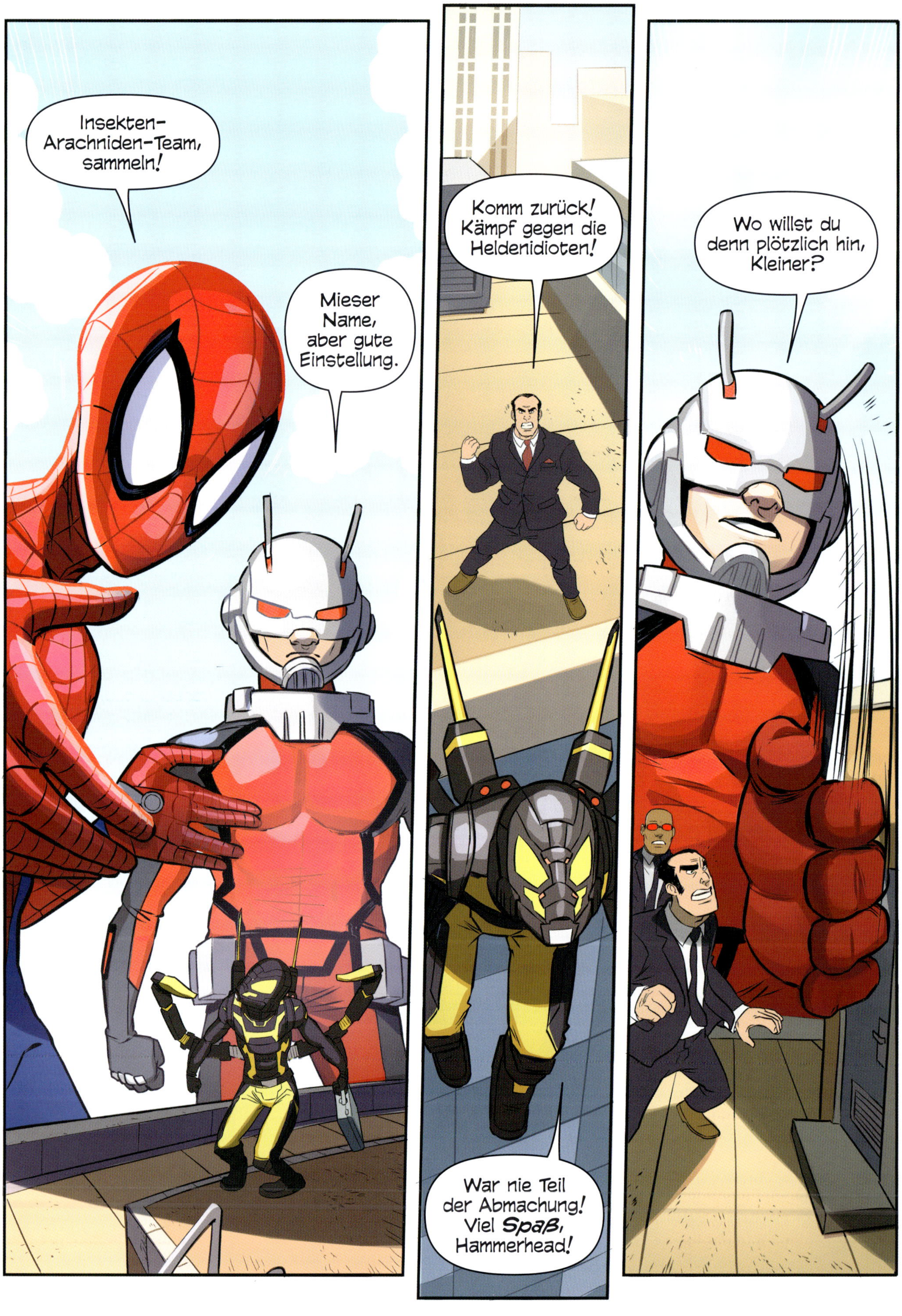

Insekten-Arachniden-Team, sammeln!
Mieser Name, aber gute Einstellung.

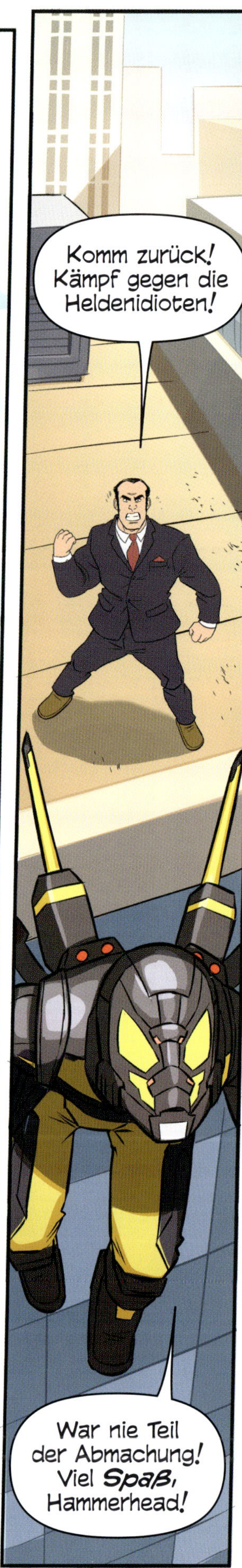
Komm zurück! Kämpf gegen die Heldenidioten!
War nie Teil der Abmachung! Viel *Spaß*, Hammerhead!

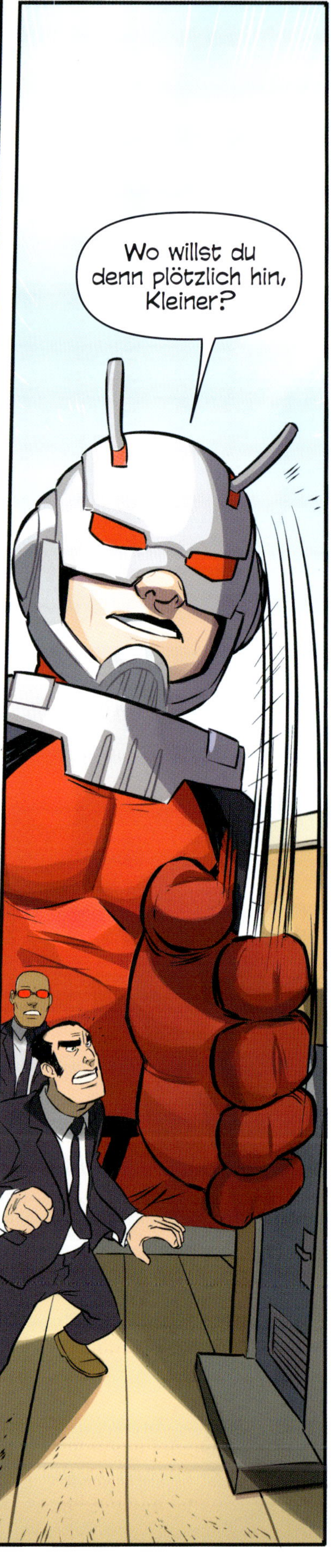
Wo willst du denn plötzlich hin, Kleiner?

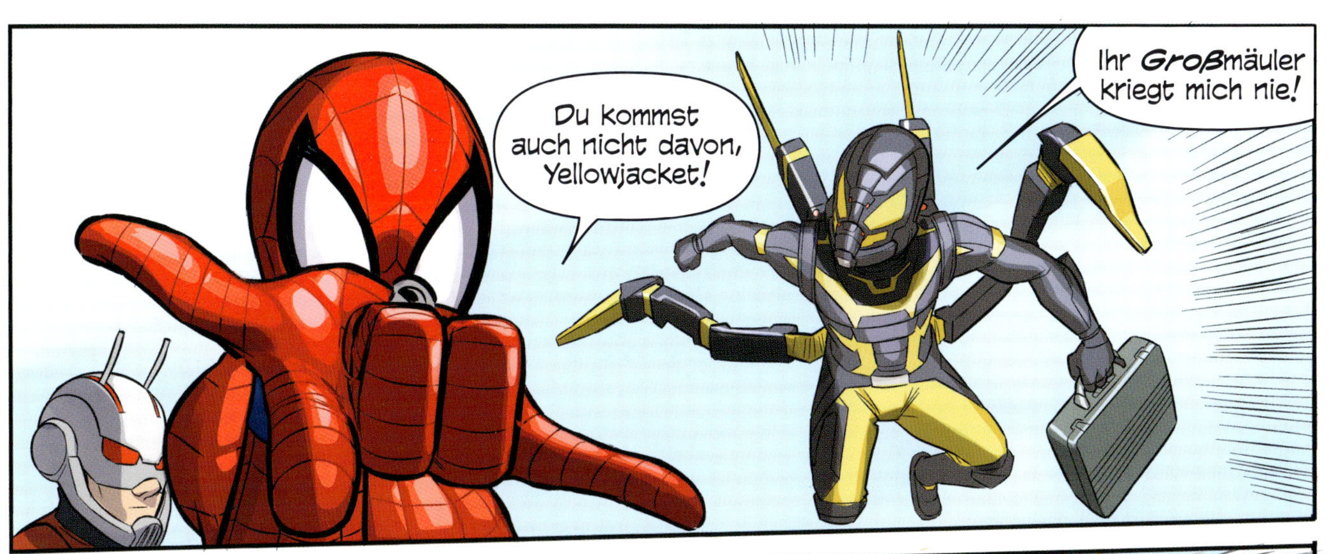
Du kommst auch nicht davon, Yellowjacket!
Ihr **Groß**mäuler kriegt mich nie!

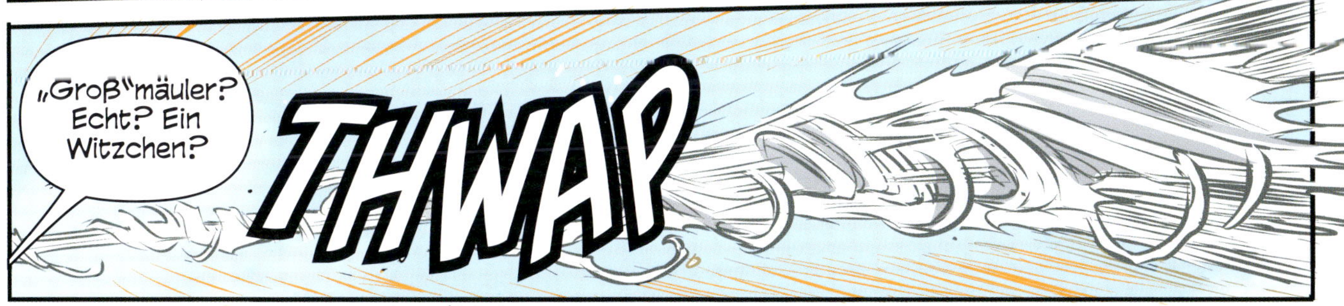
„Groß"mäuler? Echt? Ein Witzchen?
THWAP

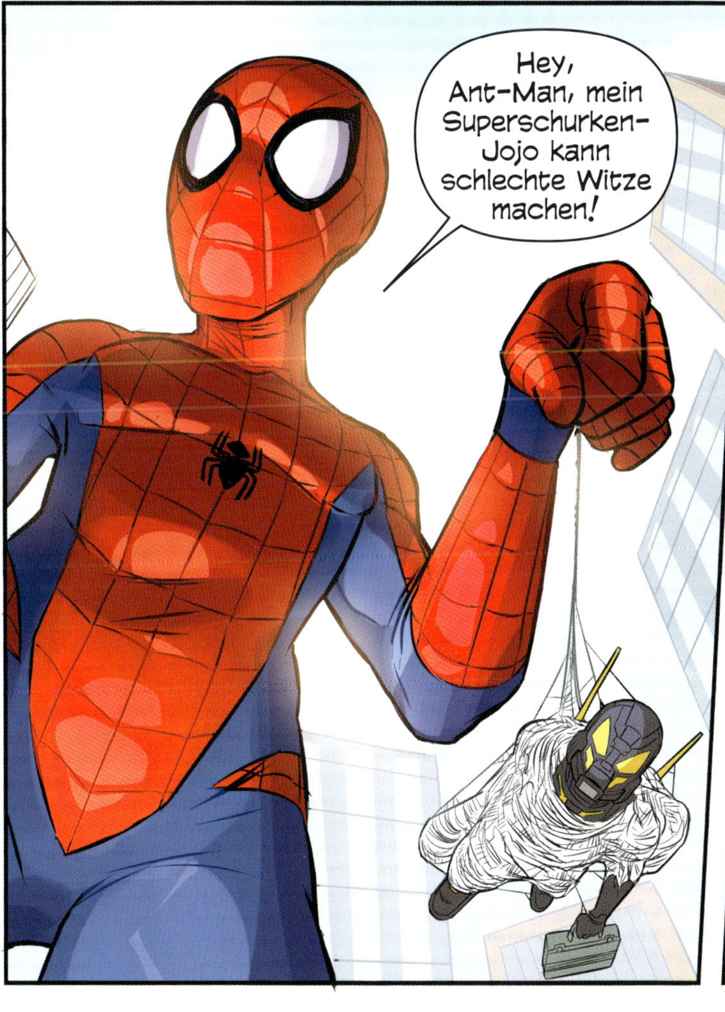
Hey, Ant-Man, mein Superschurken-Jojo kann schlechte Witze machen!

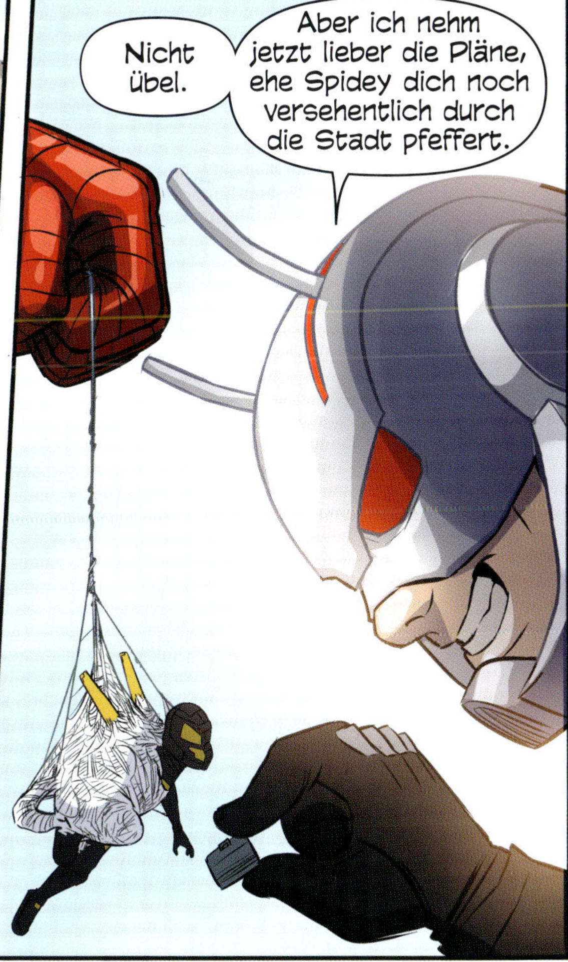
Nicht übel.
Aber ich nehm jetzt lieber die Pläne, ehe Spidey dich noch versehentlich durch die Stadt pfeffert.

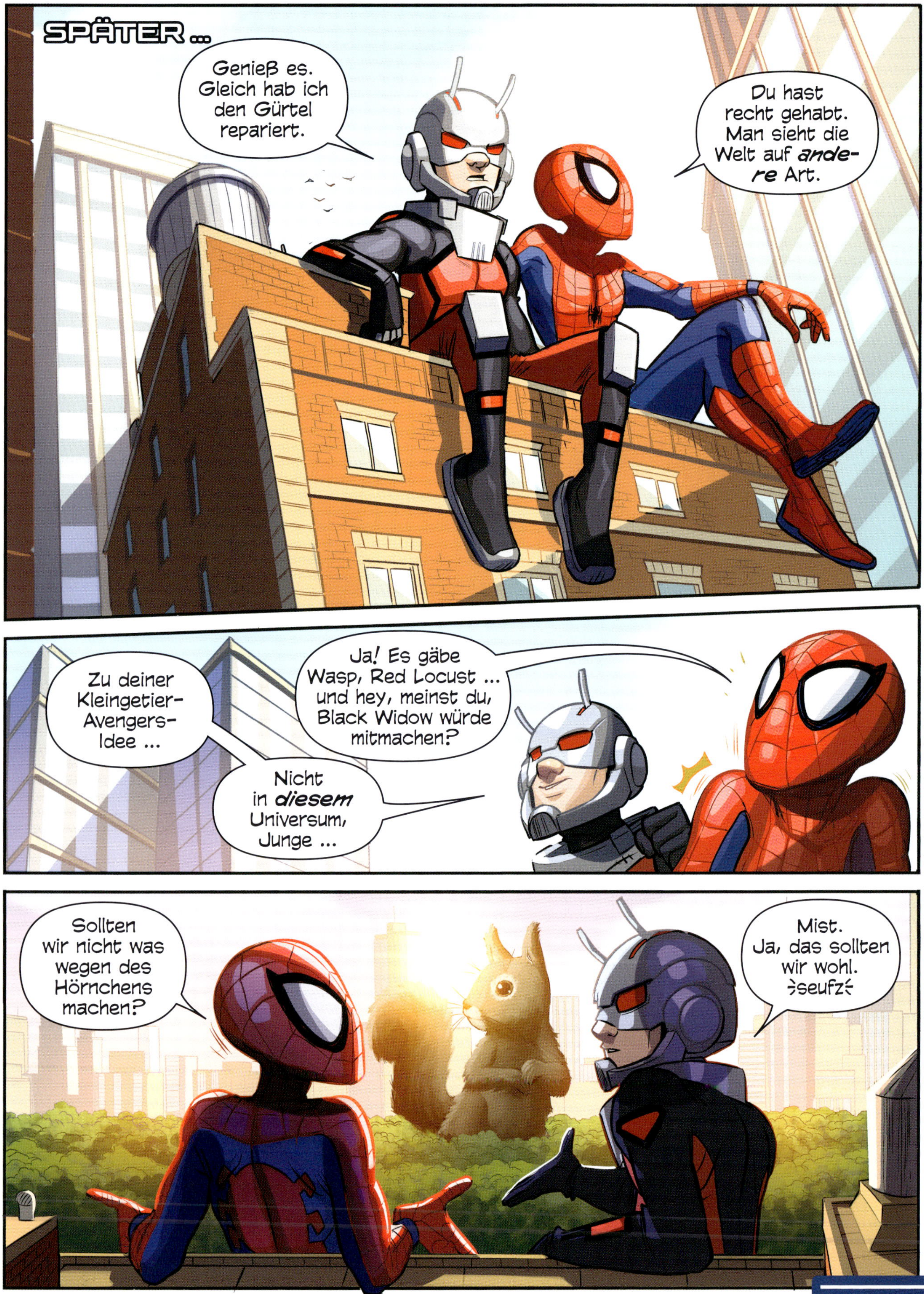

SPÄTER ...

Genieß es. Gleich hab ich den Gürtel repariert.

Du hast recht gehabt. Man sieht die Welt auf *andere* Art.

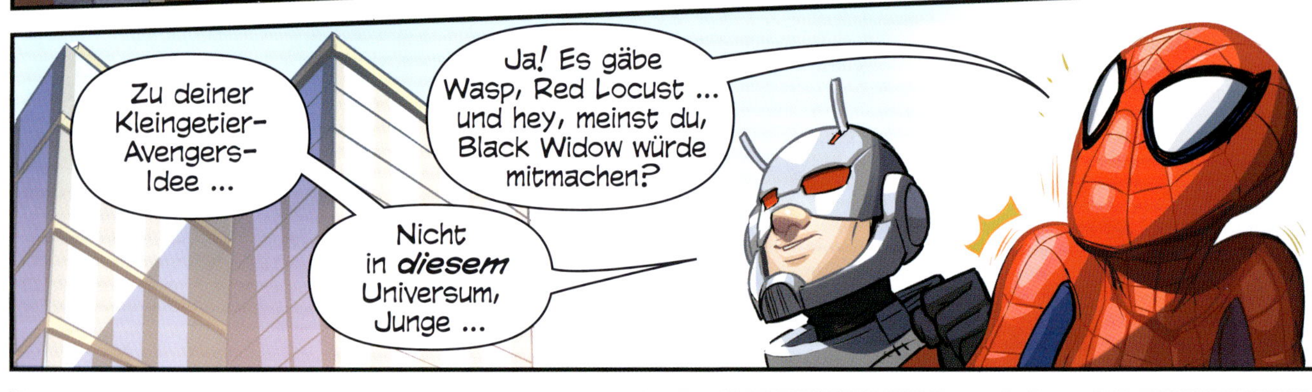

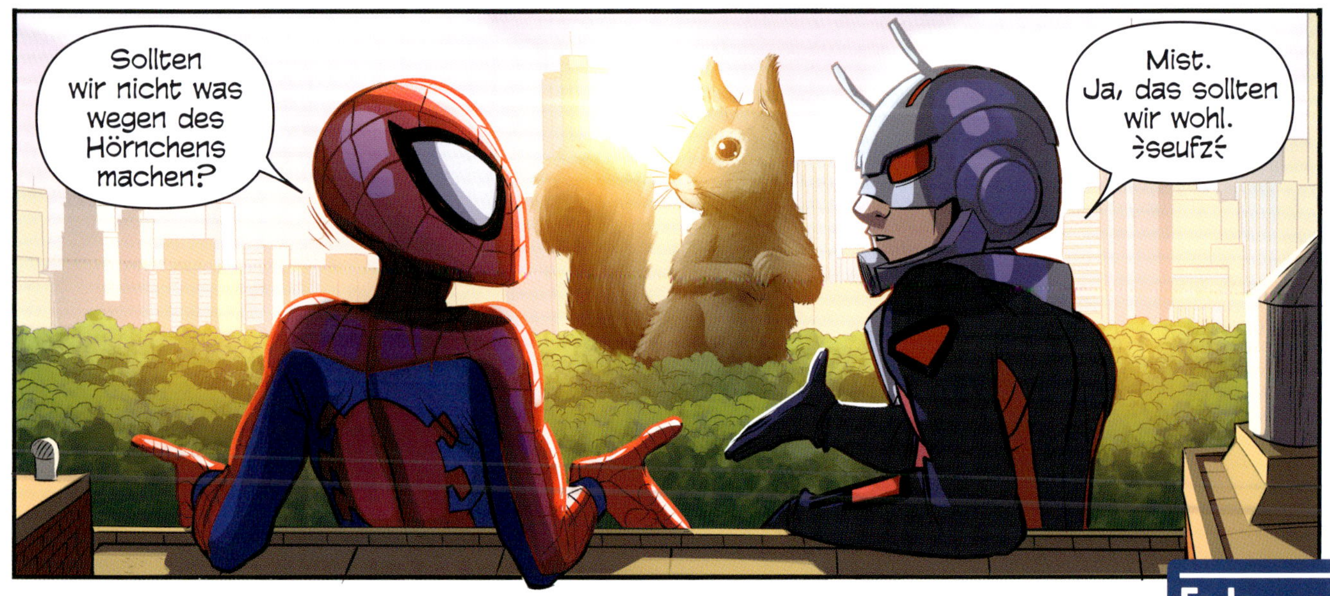

Ende

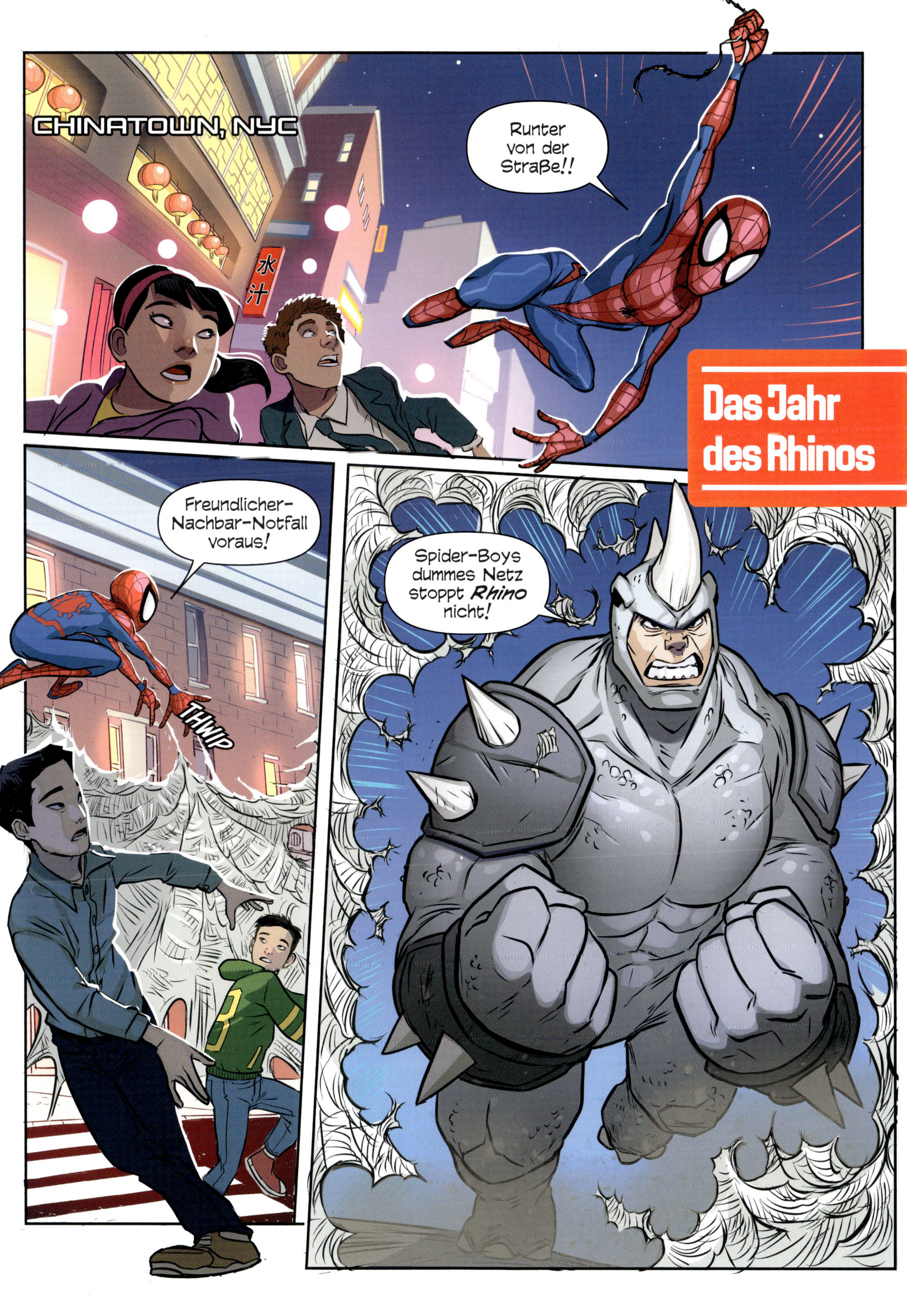
CHINATOWN, NYC
Runter von der Straße!!
Das Jahr des Rhinos
Freundlicher-Nachbar-Notfall voraus!
THWIP
Spider-Boys dummes Netz stoppt Rhino nicht!

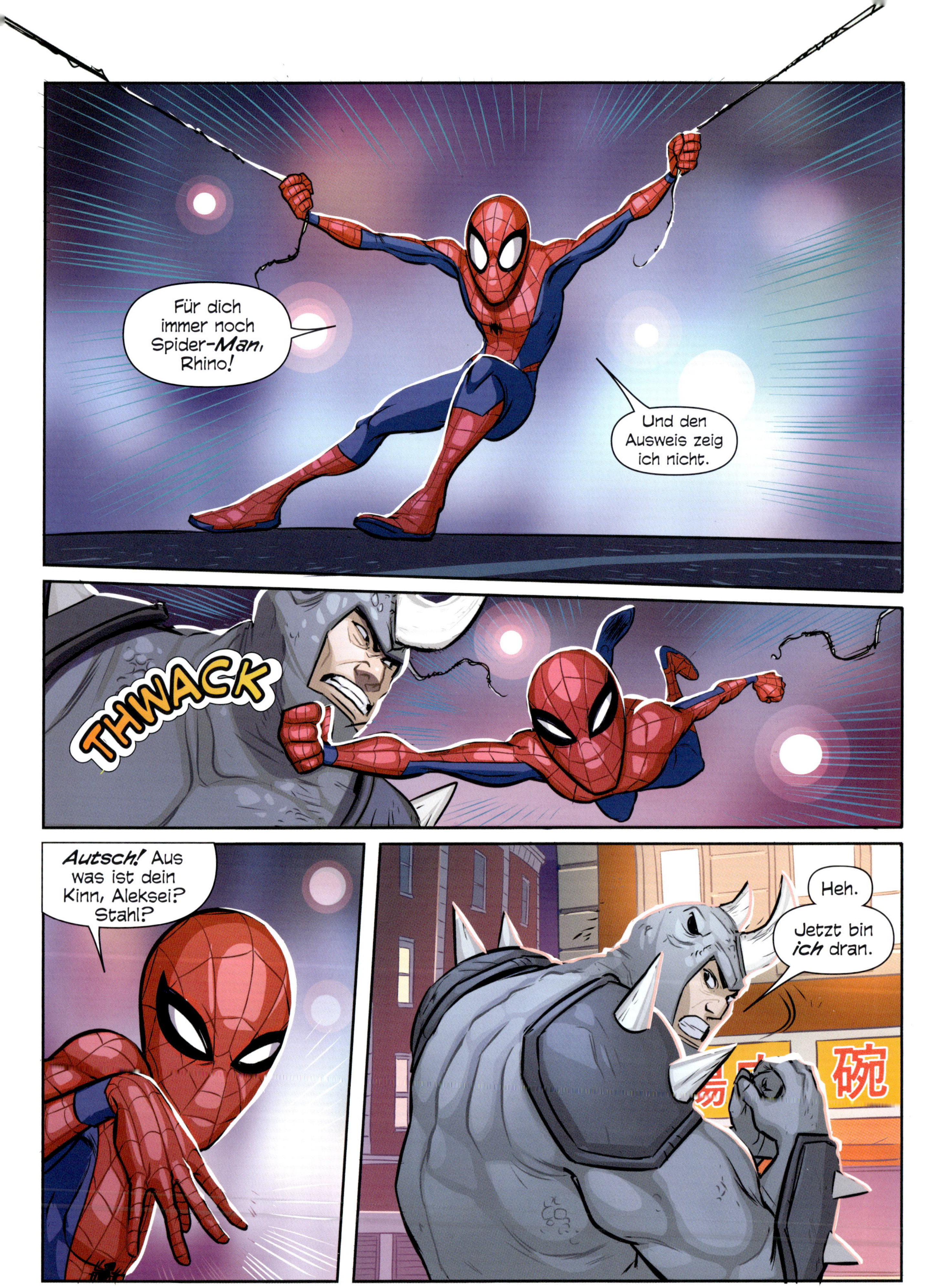

Für dich immer noch Spider-*Man*, Rhino!

Und den Ausweis zeig ich nicht.

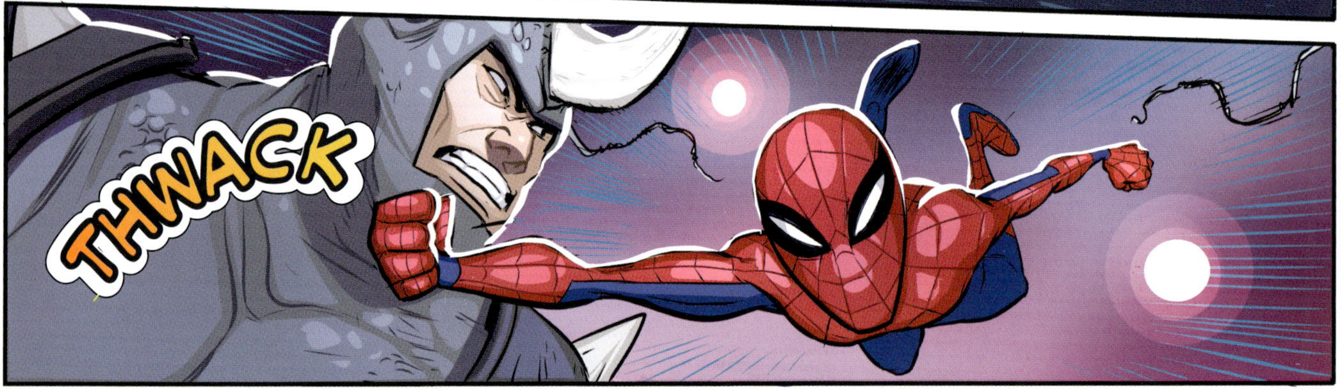

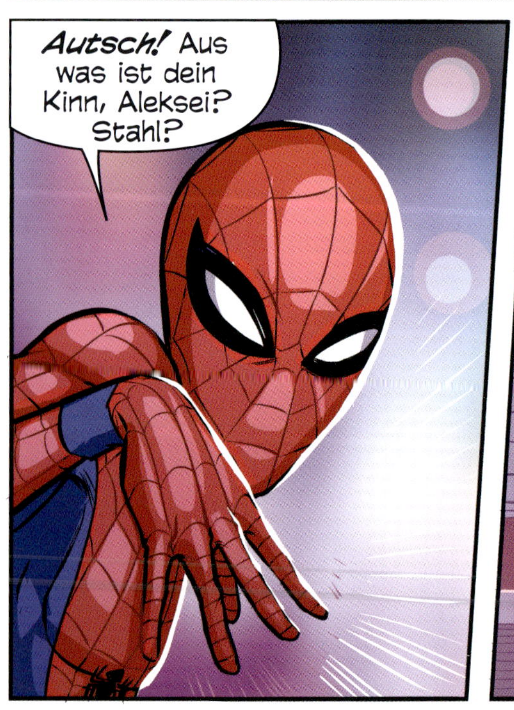

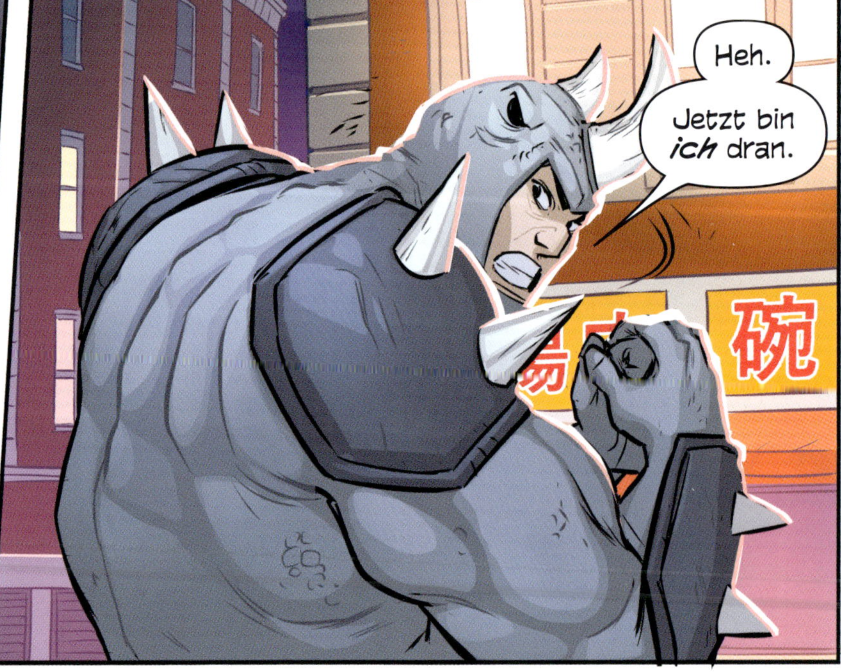

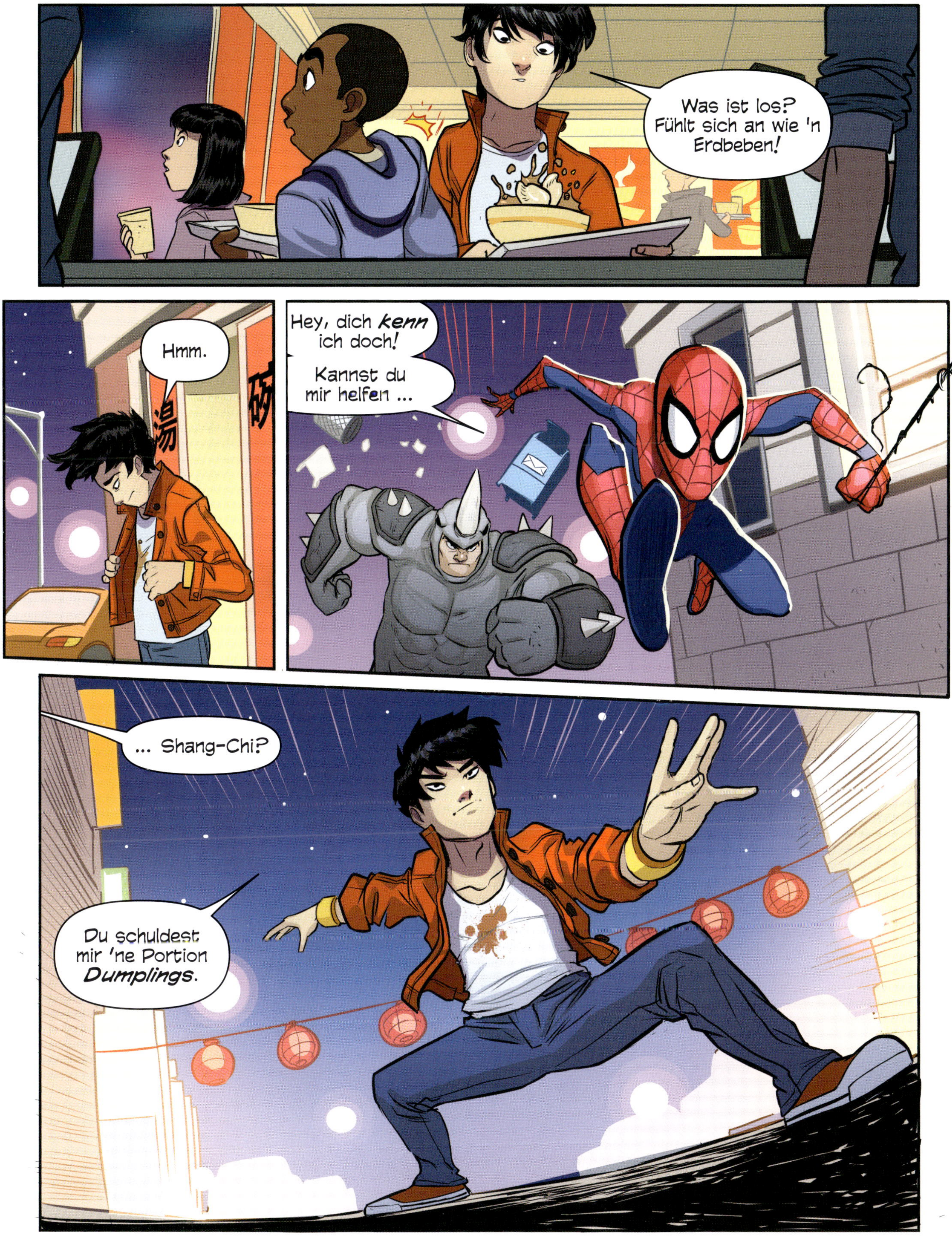

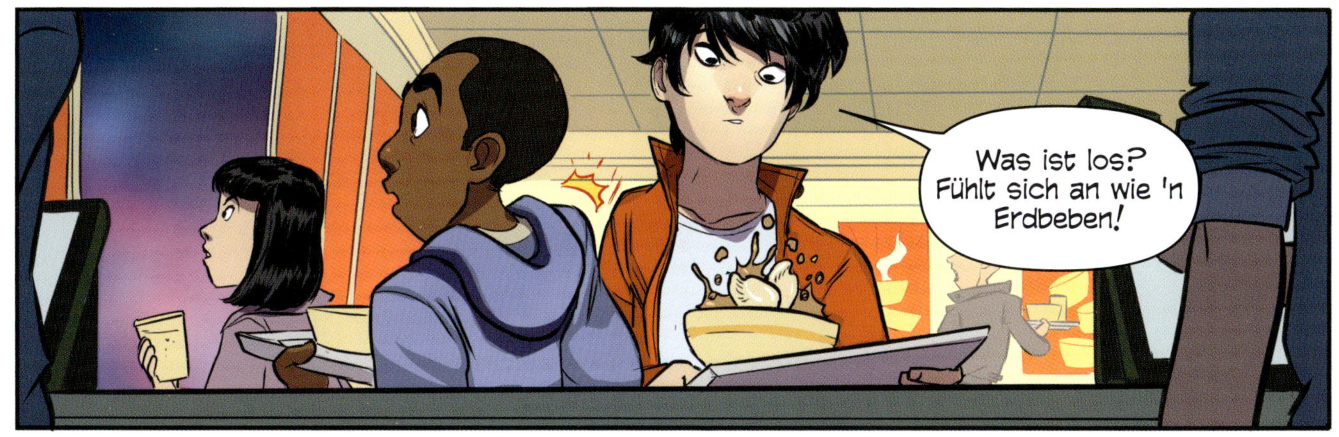

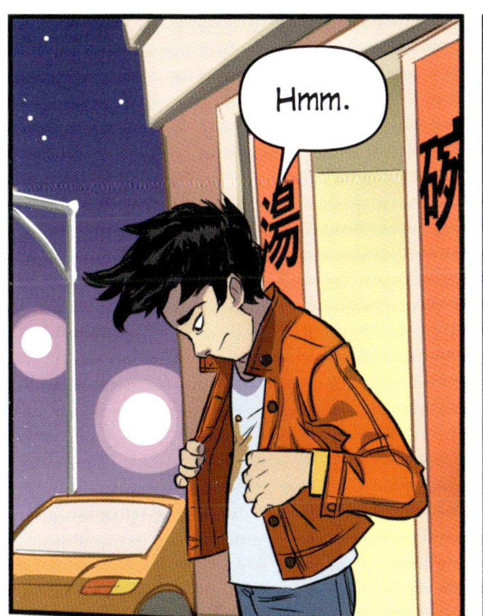

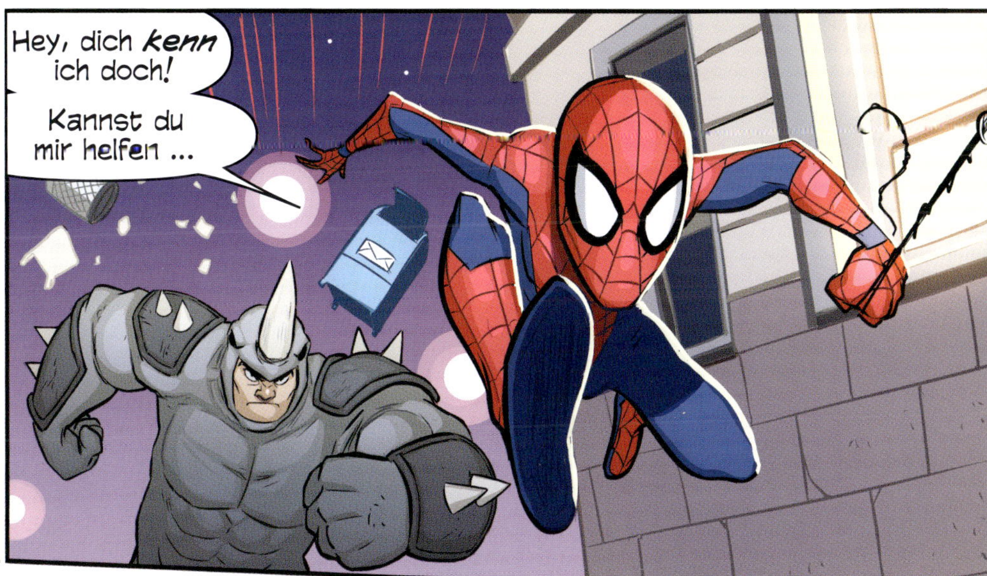

... Shang-Chi?

Du schuldest mir 'ne Portion *Dumplings*.

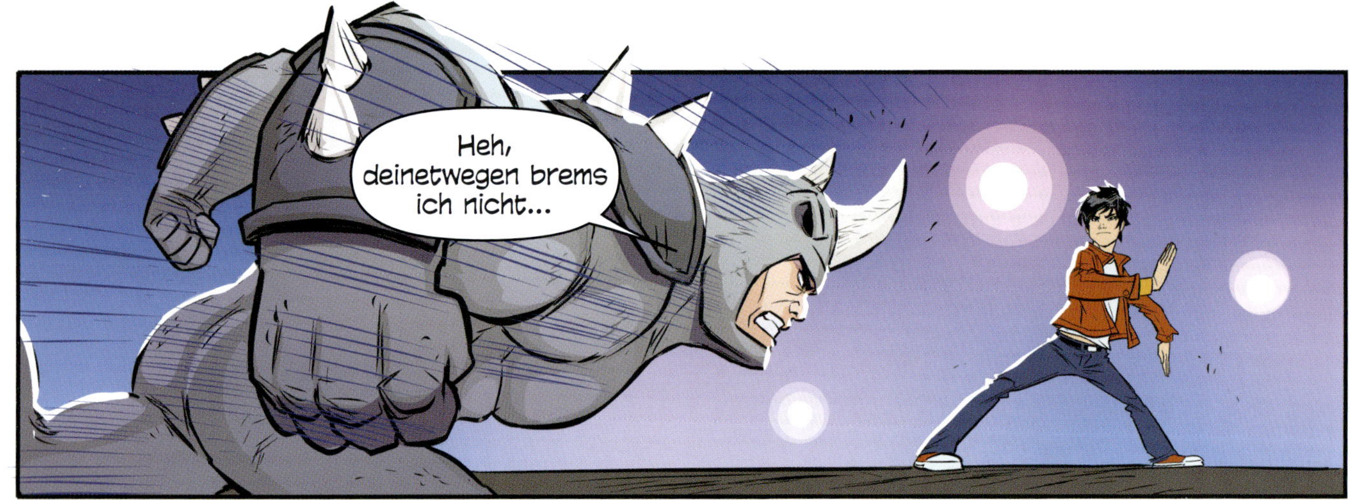
Heh,
deinetwegen brems
ich nicht...

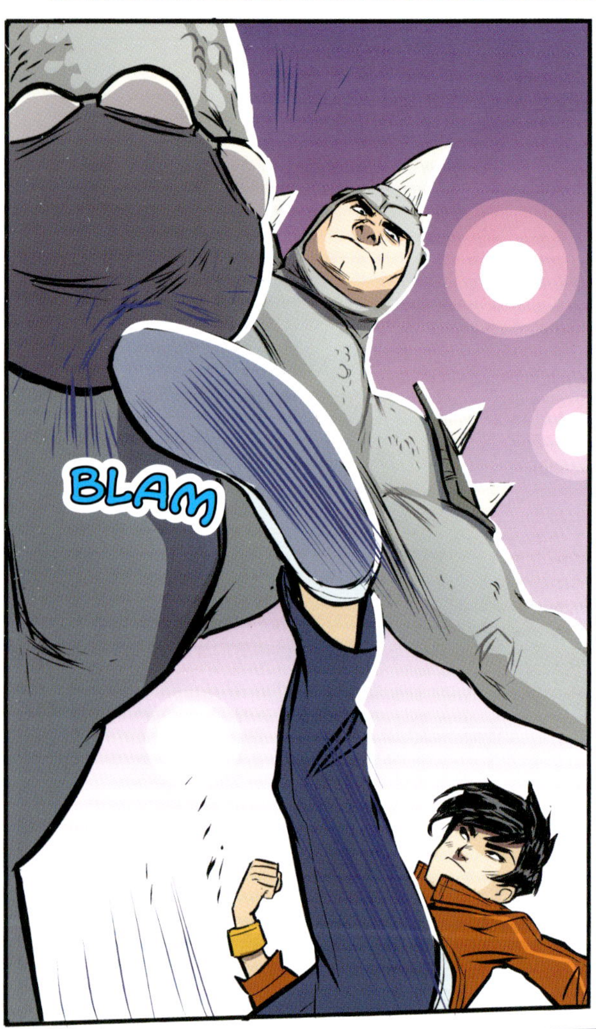
BLAM

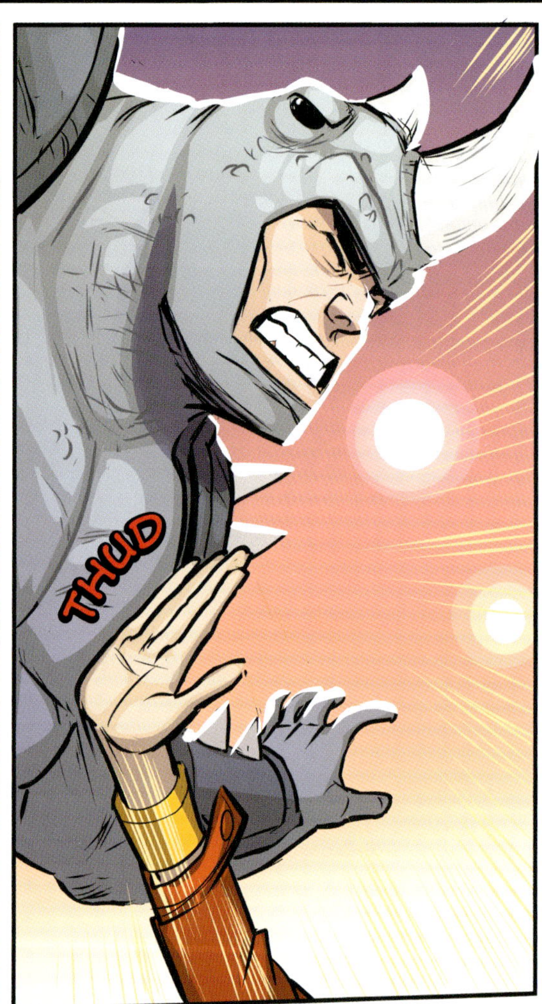
THUD

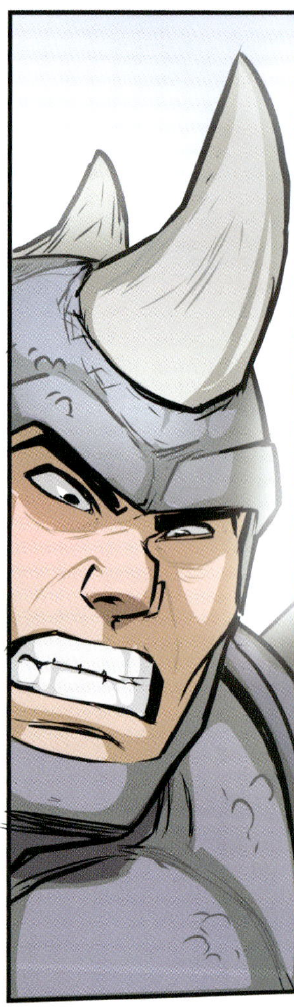

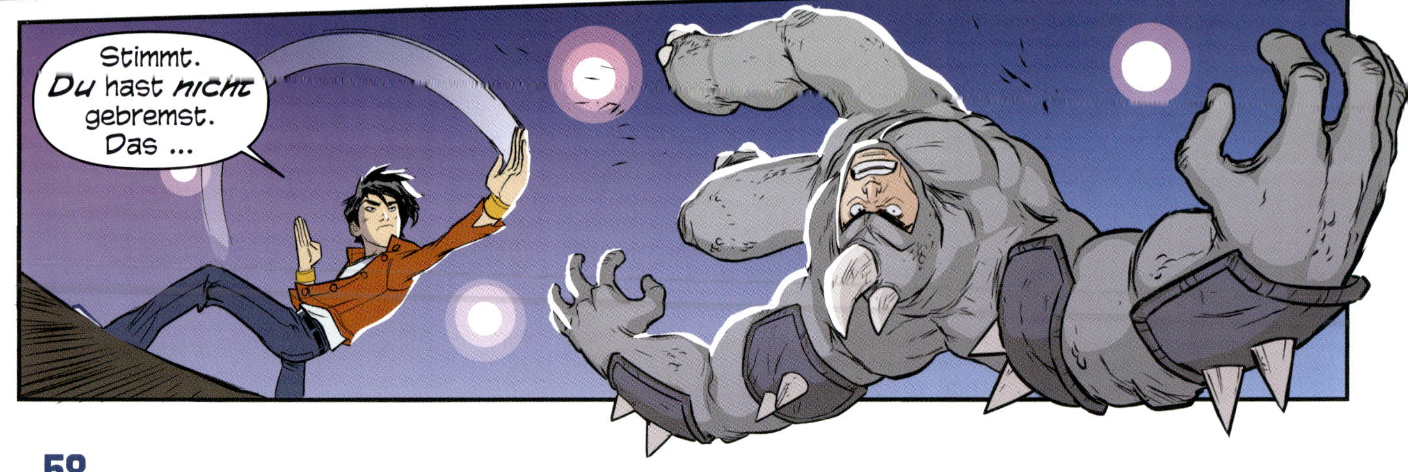
Stimmt.
Du hast *nicht* gebremst.
Das ...

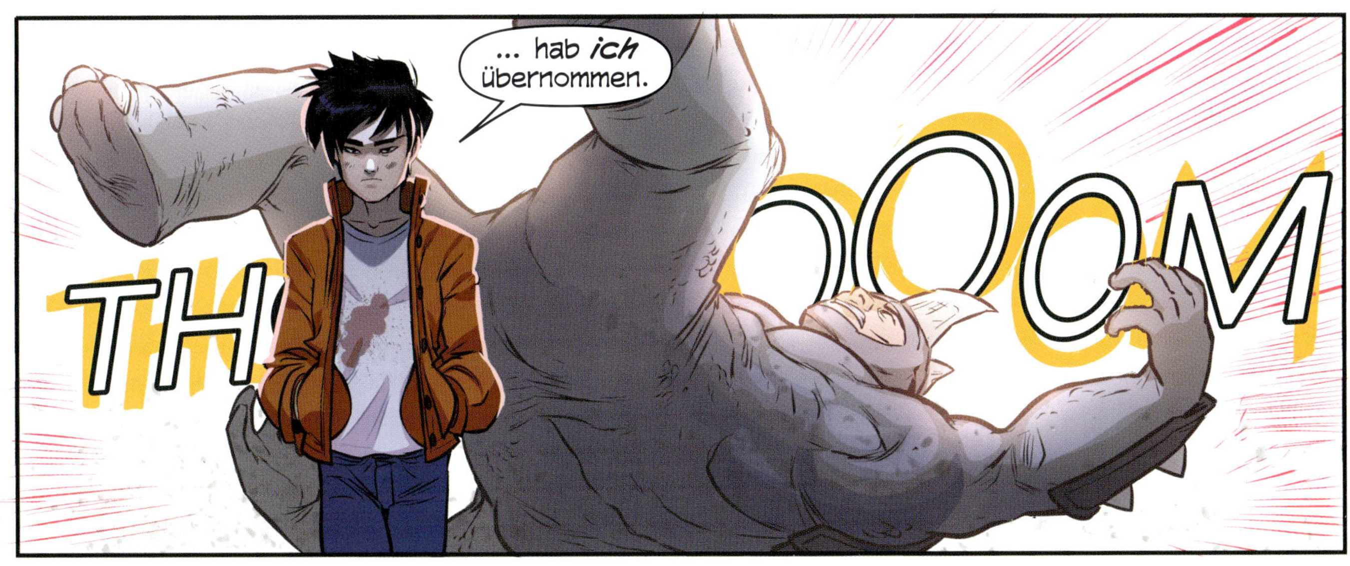
... hab *ich* übernommen.
THOOOOM

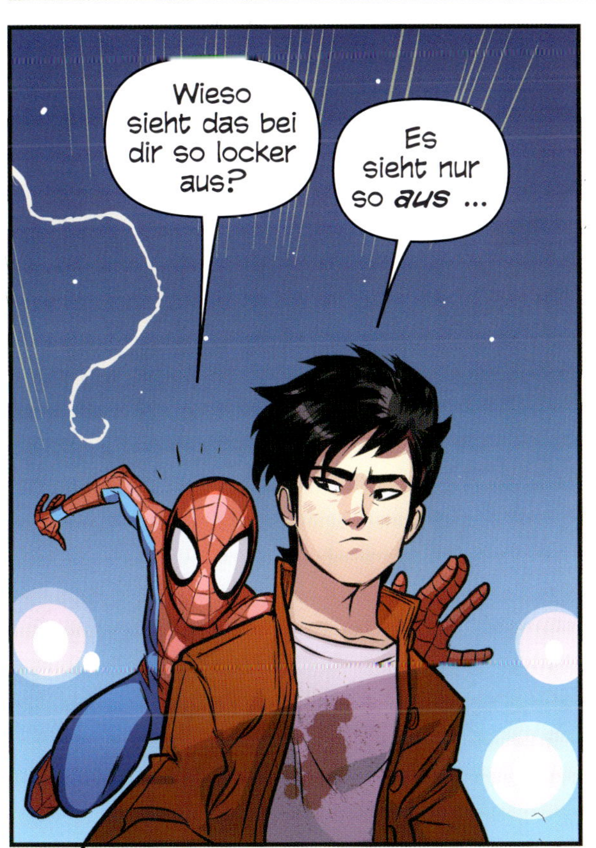
Wieso sieht das bei dir so locker aus?
Es sieht nur so *aus* ...

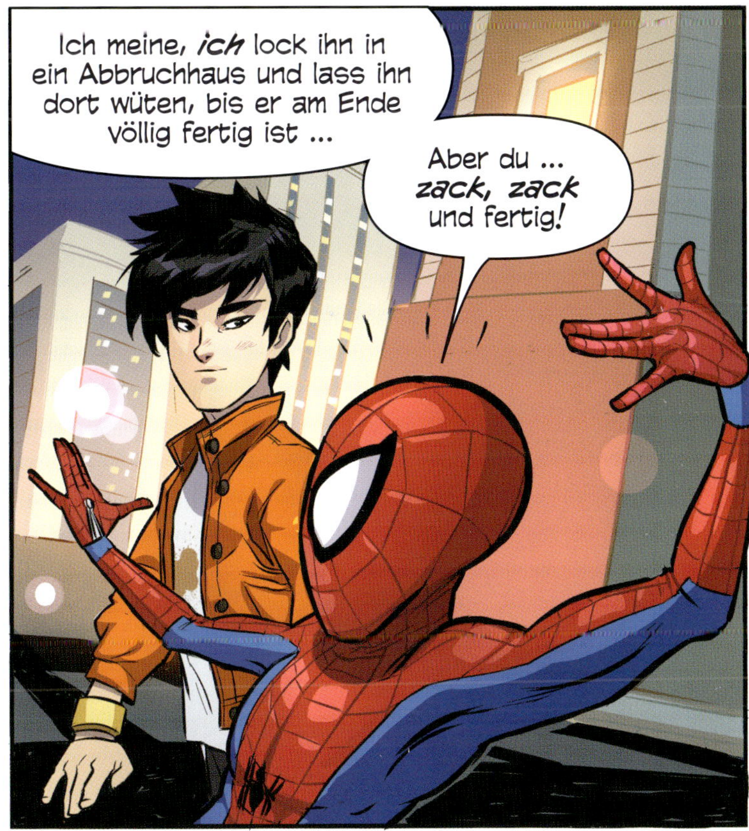
Ich meine, *ich* lock ihn in ein Abbruchhaus und lass ihn dort wüten, bis er am Ende völlig fertig ist ...
Aber du ... *zack, zack* und fertig!

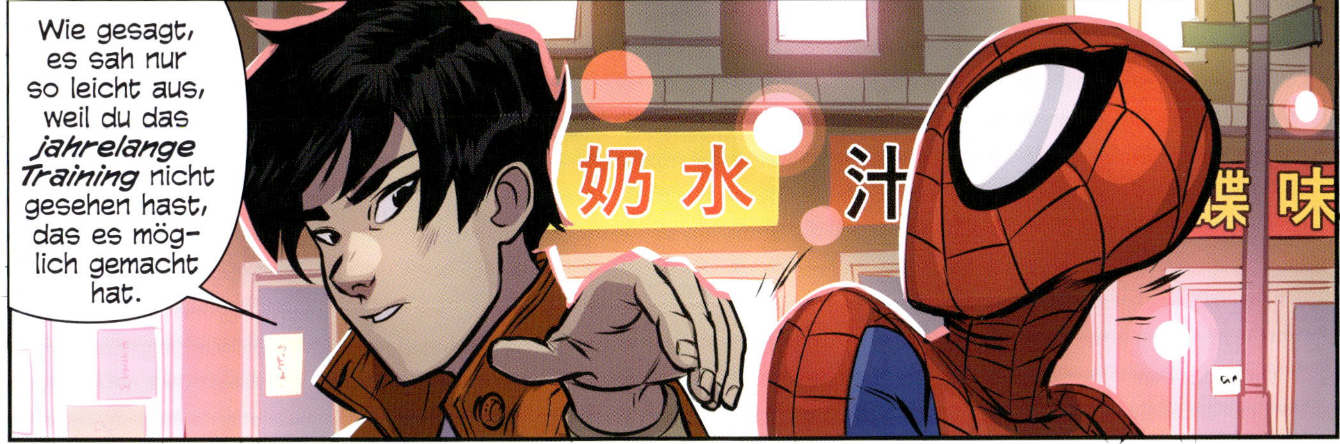
Wie gesagt, es sah nur so leicht aus, weil du das *jahrelange Training* nicht gesehen hast, das es möglich gemacht hat.
奶水
汁
碟味

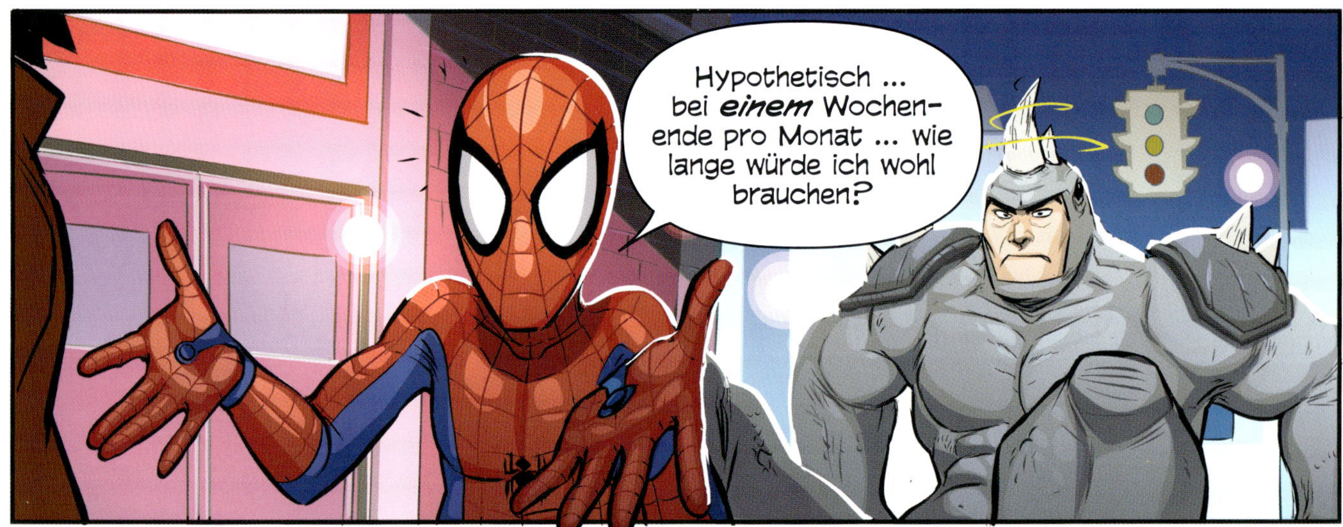
Hypothetisch ... bei *einem* Wochenende pro Monat ... wie lange würde ich wohl brauchen?

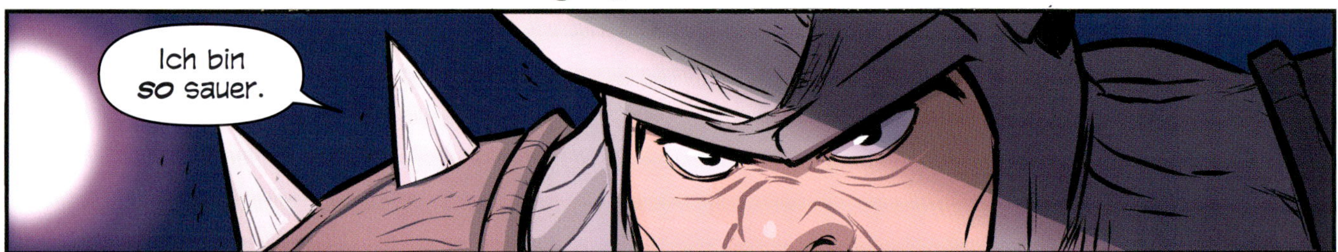
Ich bin *so* sauer.

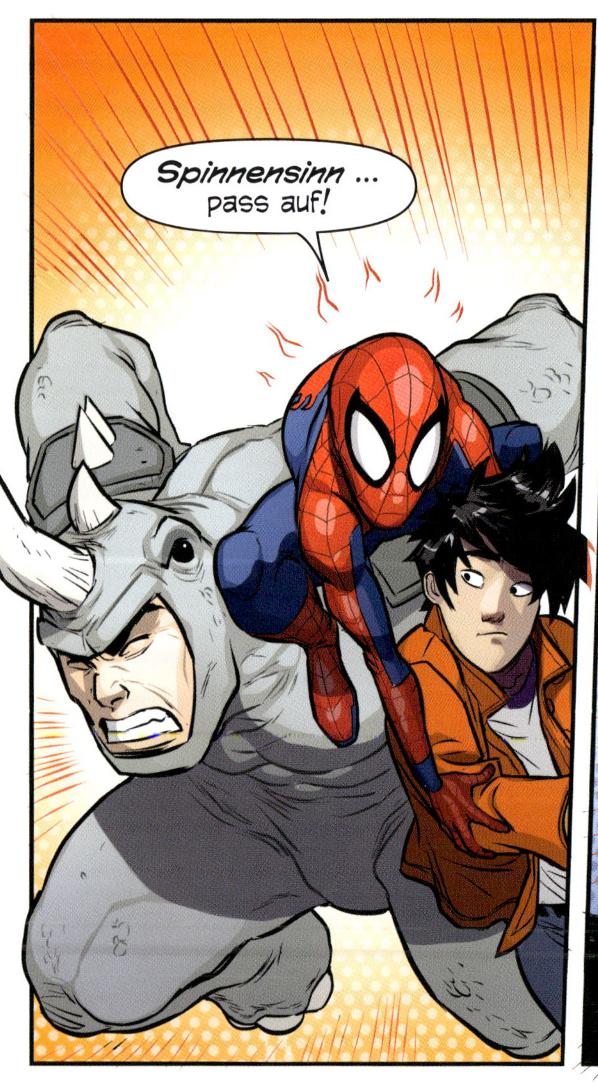
Spinnensinn ... pass auf!

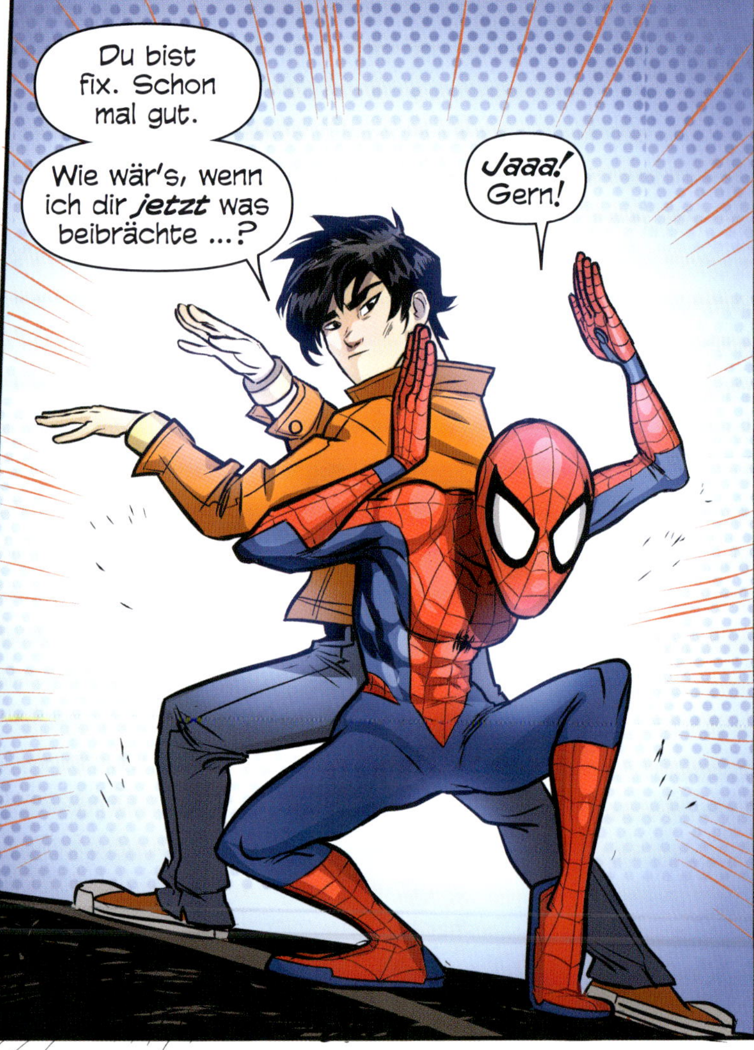
Du bist fix. Schon mal gut.
Wie wär's, wenn ich dir *jetzt* was beibrächte ...?
Jaaa! Gern!

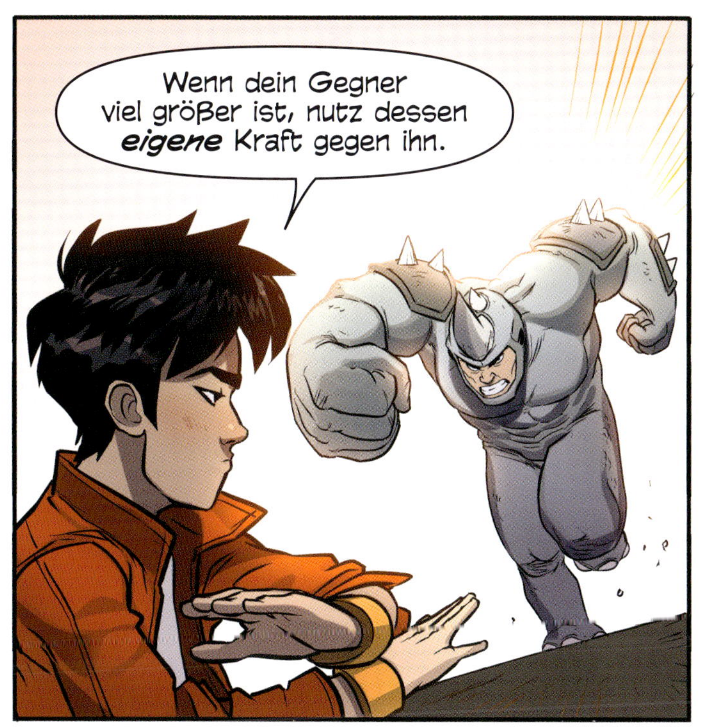
Wenn dein Gegner viel größer ist, nutz dessen *eigene* Kraft gegen ihn.

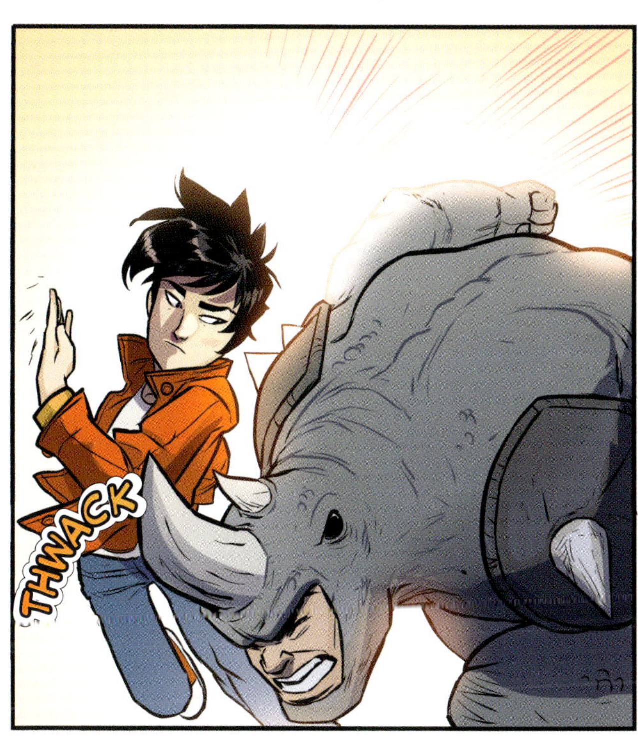
THWACK

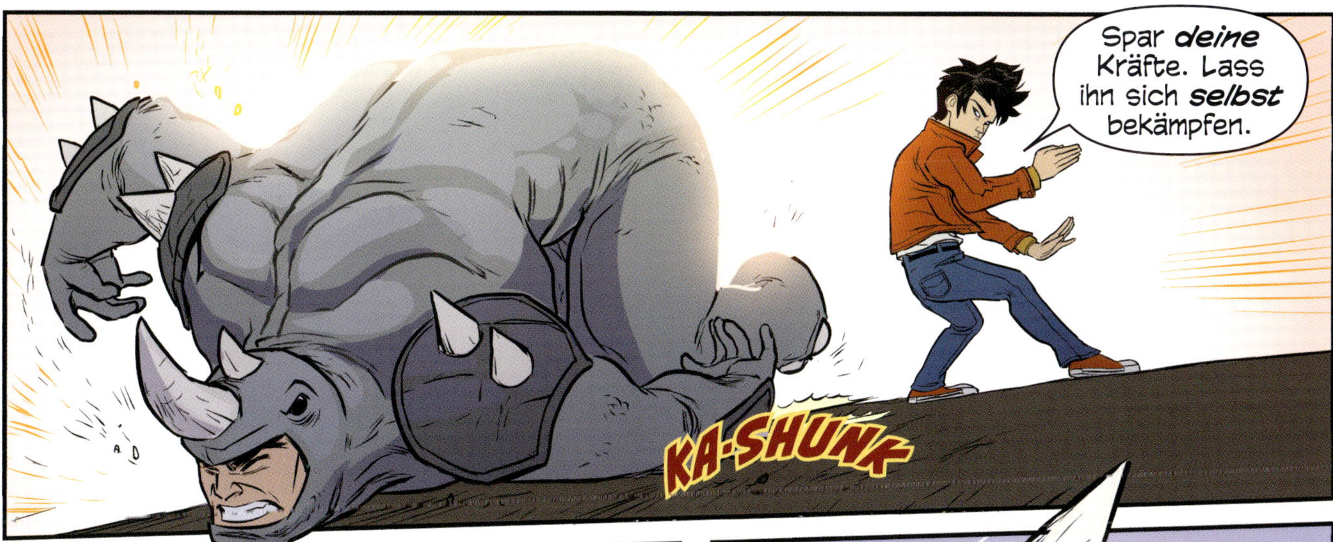
Spar *deine* Kräfte. Lass ihn sich *selbst* bekämpfen.
KA-SHUNK

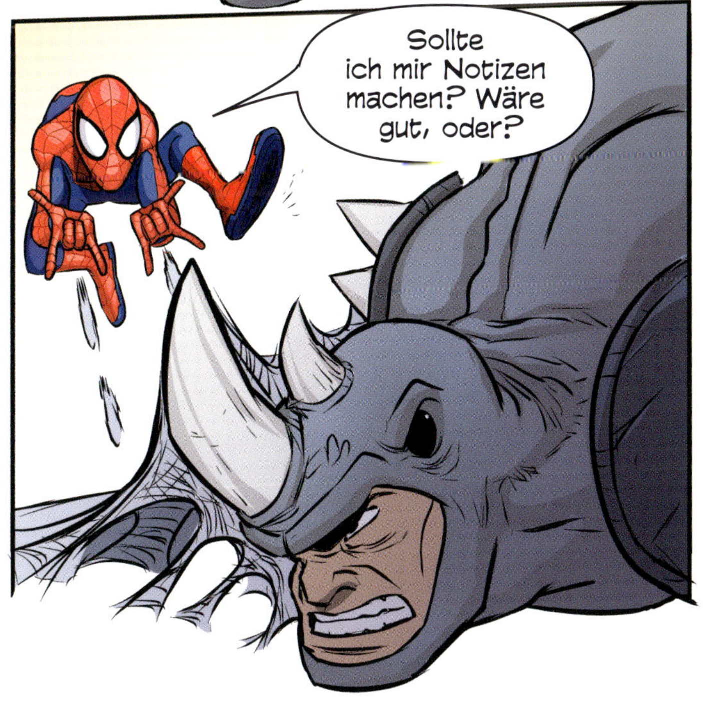
Sollte ich mir Notizen machen? Wäre gut, oder?

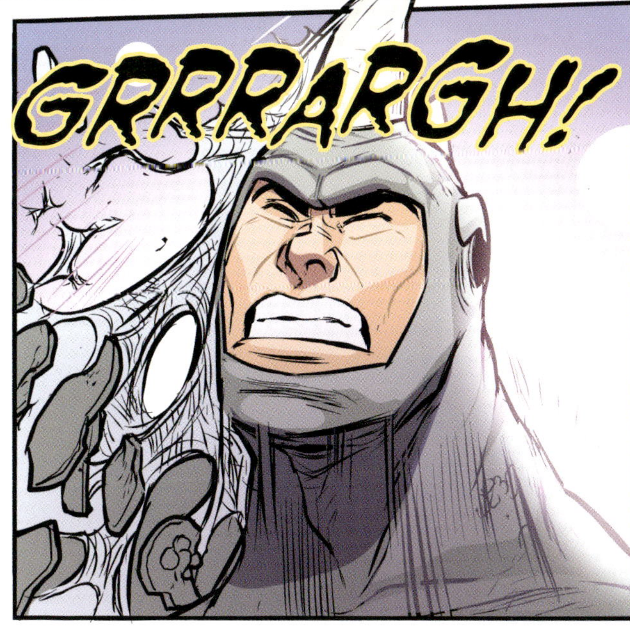
GRRRARGH!

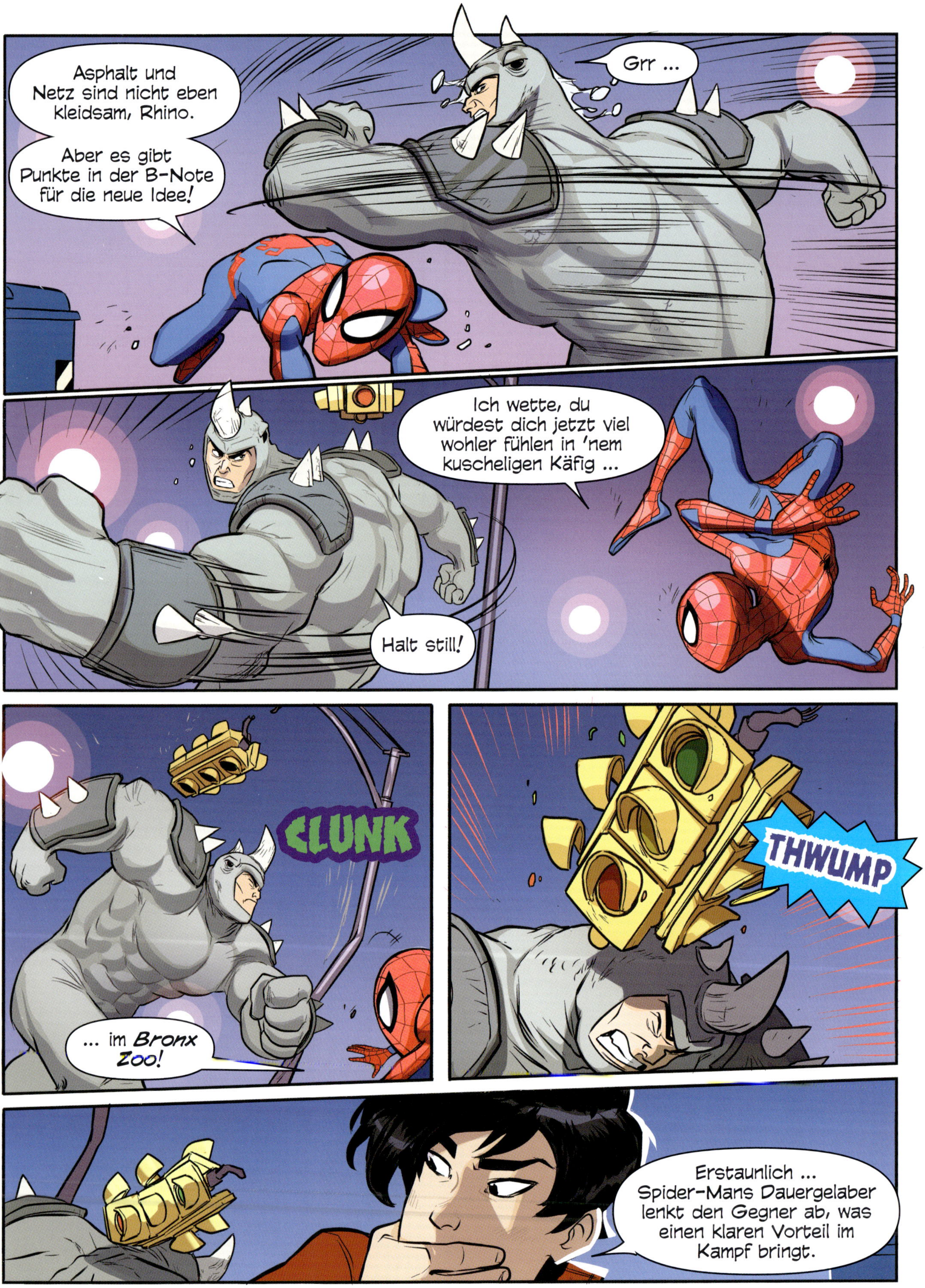

Asphalt und Netz sind nicht eben kleidsam, Rhino.
Aber es gibt Punkte in der B-Note für die neue Idee!
Grr ...

Ich wette, du würdest dich jetzt viel wohler fühlen in 'nem kuscheligen Käfig ...
Halt still!

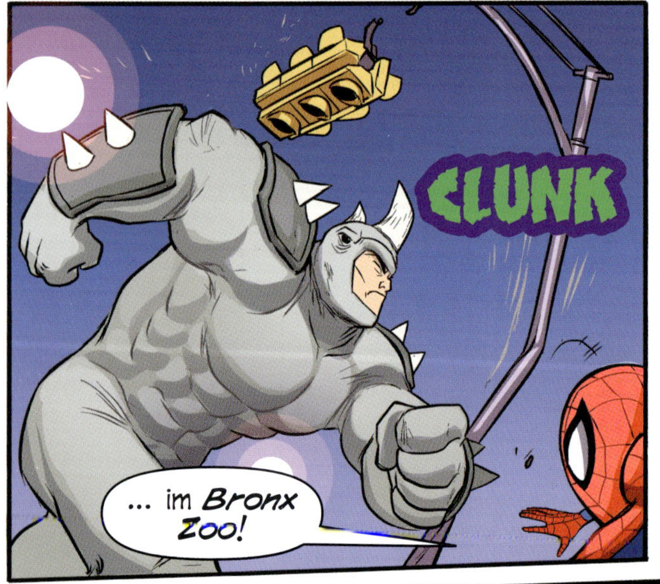

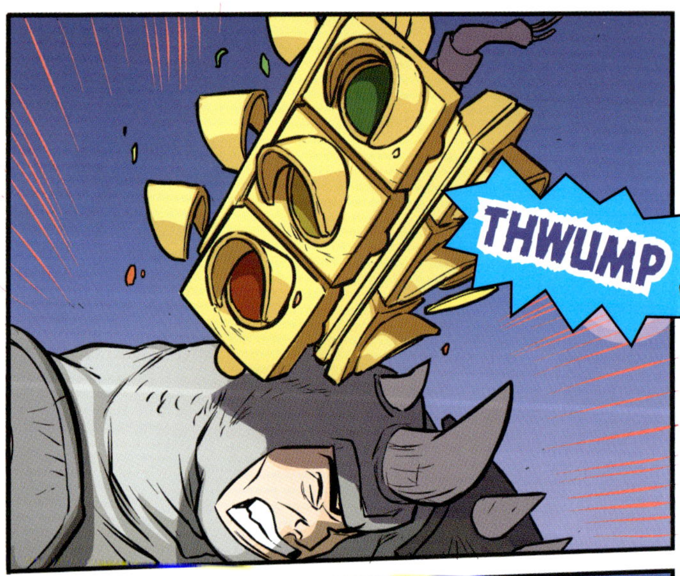

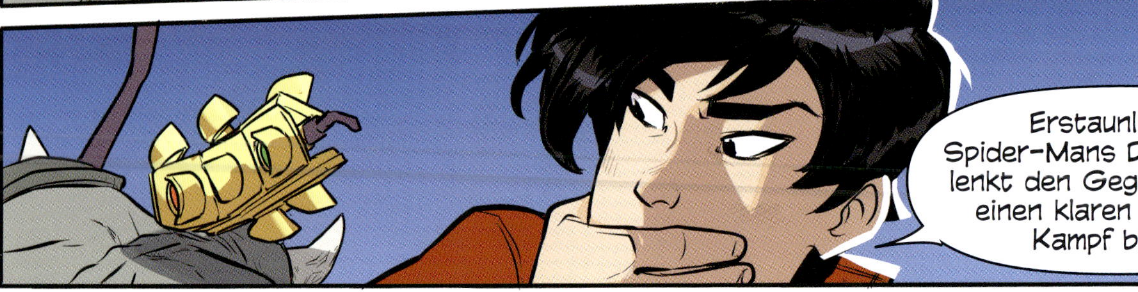

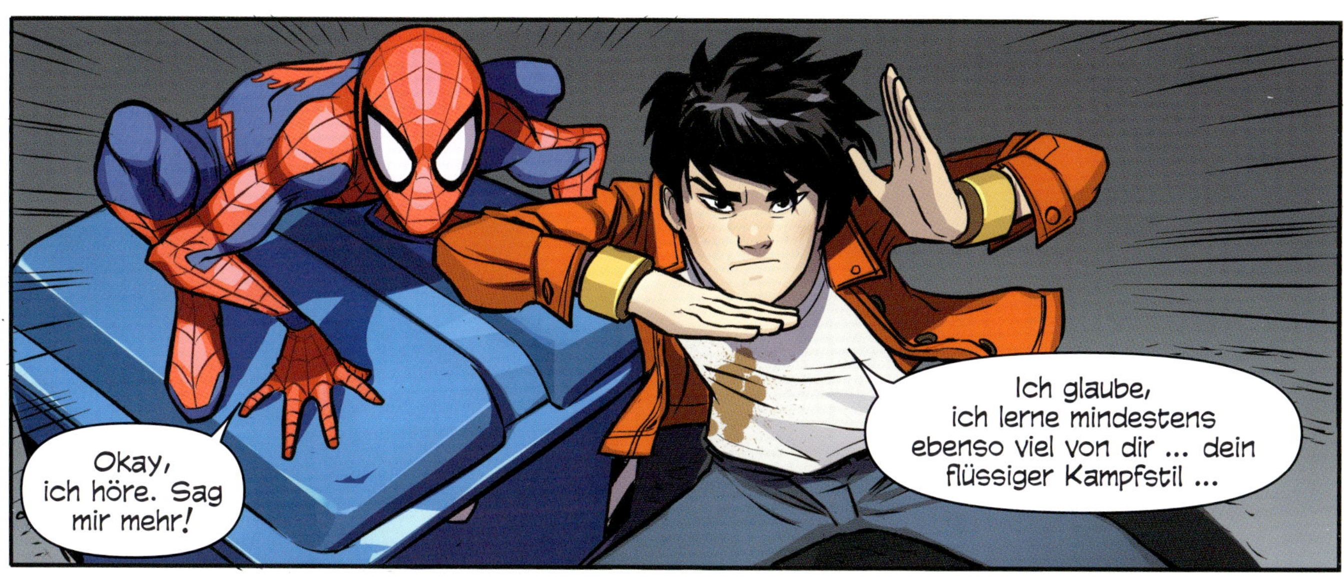
Okay, ich höre. Sag mir mehr!
Ich glaube, ich lerne mindestens ebenso viel von dir ... dein flüssiger Kampfstil ...

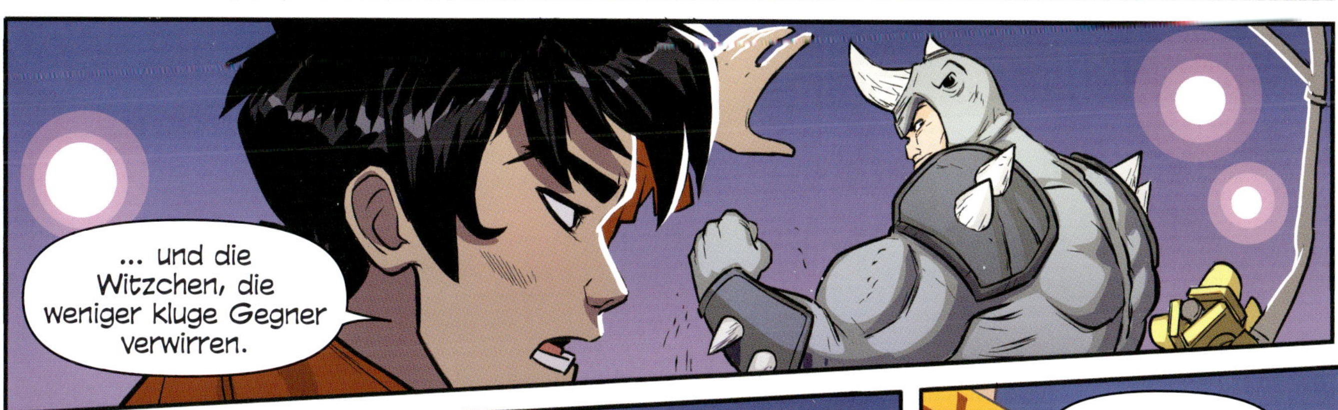
... und die Witzchen, die weniger kluge Gegner verwirren.

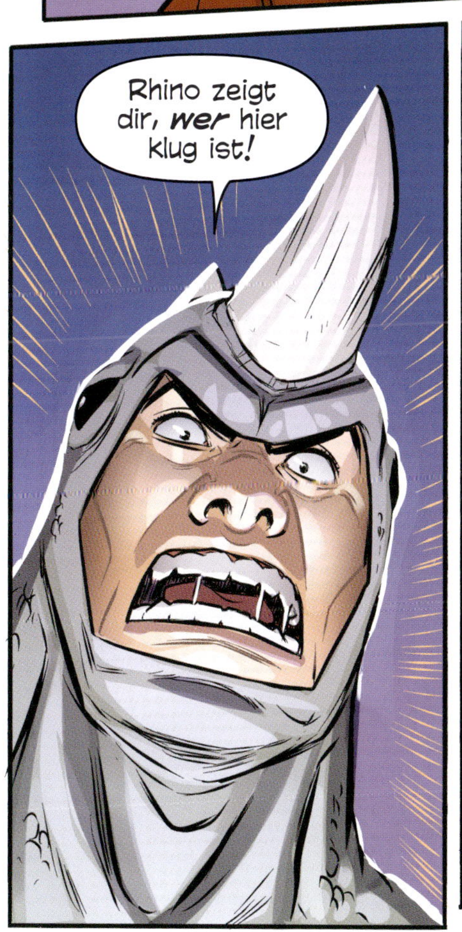
Rhino zeigt dir, *wer* hier klug ist!

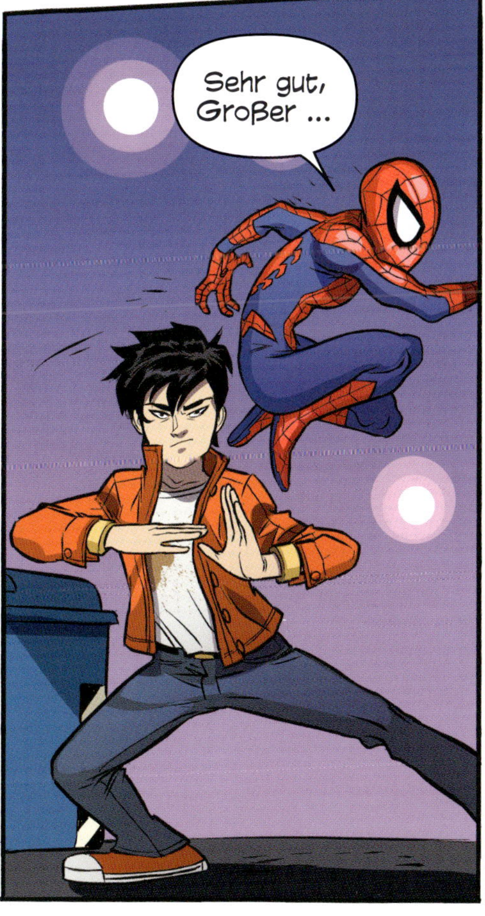
Sehr gut, Großer ...

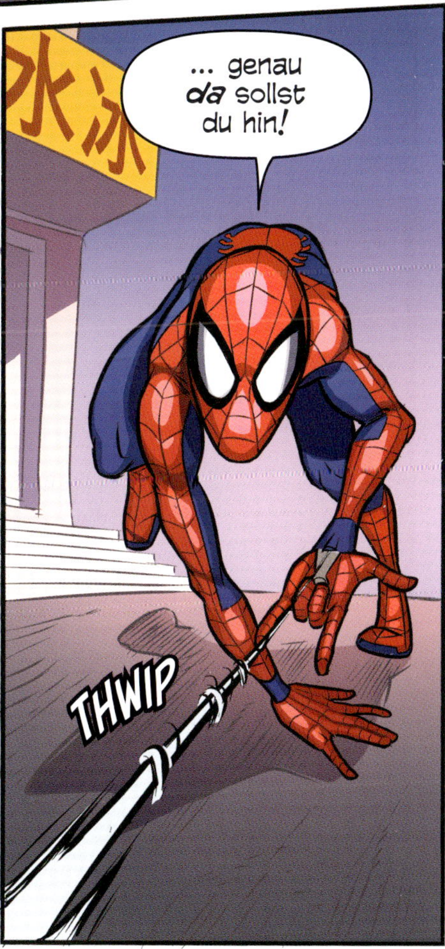
... genau *da* sollst du hin!
THWIP

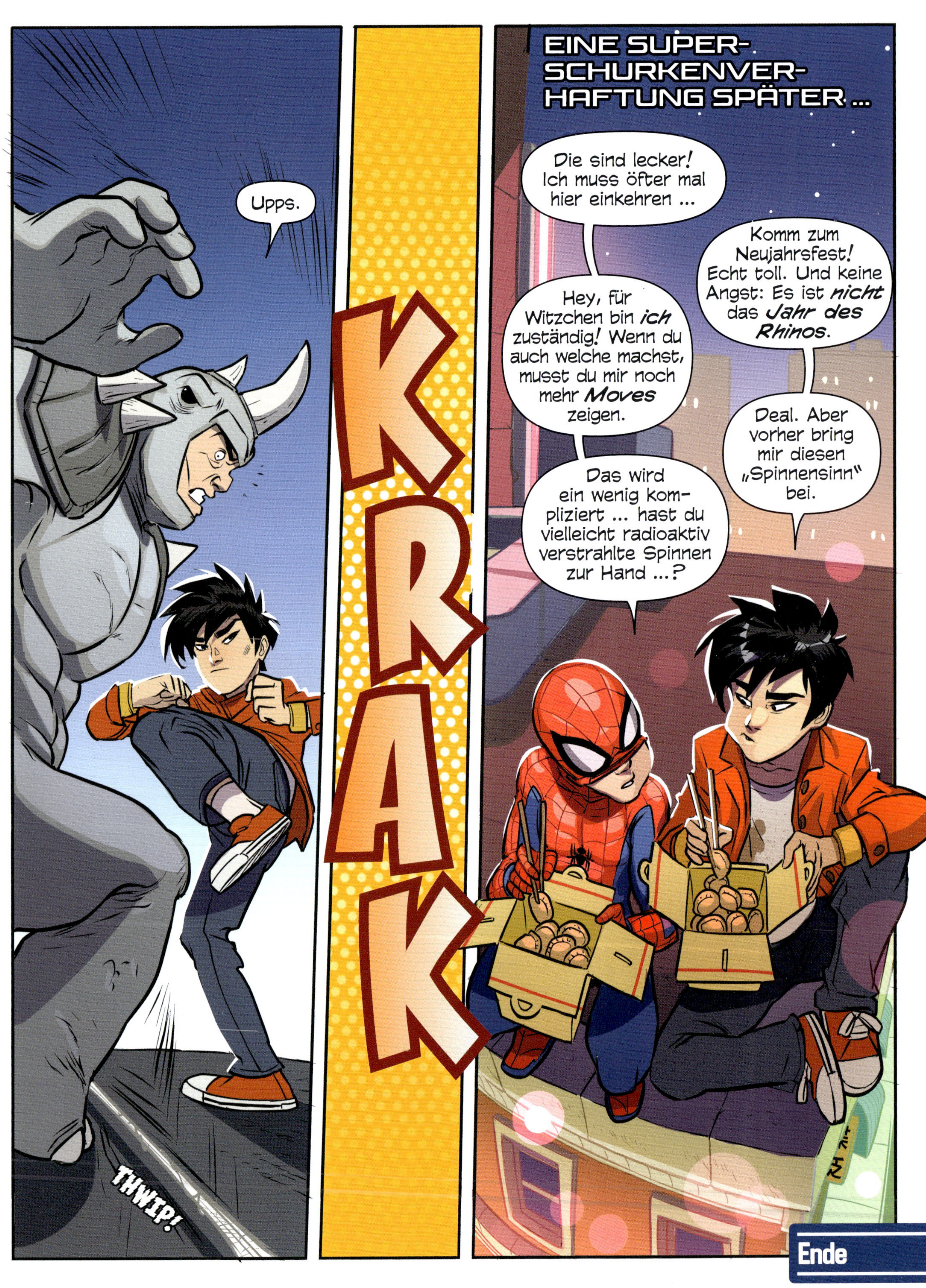
Upps.
KRAK
THWIP!
EINE SUPER-SCHURKENVER-HAFTUNG SPÄTER ...
Die sind lecker! Ich muss öfter mal hier einkehren ...
Hey, für Witzchen bin *ich* zuständig! Wenn du auch welche machst, musst du mir noch mehr *Moves* zeigen.
Das wird ein wenig kom-pliziert ... hast du vielleicht radioaktiv verstrahlte Spinnen zur Hand ...?
Komm zum Neujahrsfest! Echt toll. Und keine Angst: Es ist *nicht* das *Jahr des Rhinos*.
Deal. Aber vorher bring mir diesen „Spinnensinn" bei.

Ende